U0648419

天津市鲁班工坊研究与推广中心成果

Research Results of Tianjin Luban Workshop Research and Promotion Center

2023年
鲁班工坊建设与发展报告

LUBAN WORKSHOP CONSTRUCTION AND DEVELOPMENT REPORT IN 2023

杨延　王岚◎主编

天津出版传媒集团

天津人民出版社

图书在版编目（CIP）数据

2023 年鲁班工坊建设与发展报告 / 杨延 , 王岚主编 .
天津 : 天津人民出版社 , 2024. 12. -- ISBN 978-7-201-
20915-9

Ⅰ . G719.2
中国国家版本馆 CIP 数据核字第 202531CE31 号

2023 年鲁班工坊建设与发展报告
2023NIAN LUBANGONGFANG JIANSHE YU FAZHAN BAOGAO

出　　版	天津人民出版社	
出 版 人	刘锦泉	
地　　址	天津市和平区西康路 35 号康岳大厦	
邮政编码	300051	
邮购电话	（022）23332469	
电子信箱	reader@tjrmcbs.com	

责任编辑	王佳欢	
装帧设计	李晶晶	

印　　刷	天津新华印务有限公司	
经　　销	新华书店	
开　　本	710 毫米 ×1000 毫米　1/16	
印　　张	10.75	
插　　页	2	
字　　数	170 千字	
版次印次	2024 年 12 月第 1 版　2024 年 12 月第 1 次印刷	
定　　价	98.00 元	

版权所有　侵权必究
图书如出现印装质量问题，请致电联系调换（022 － 23332469）

鲁班工坊研究与推广中心研究成果编委会

主　任：李剑萍　郭滇华

副主任（按照姓氏笔画排序）：

于忠武　吕景泉　郑清春　戴裕崴　魏炳举

《2023 年鲁班工坊建设与发展报告》

主　编：杨　延　王　岚

主要撰稿人（按照姓氏笔画排序）：

王　岚　王海龙　刘　琤　李清彬　杨　延

岑　咏　张　超　钟　炜　戴成林

序 言

　　职业教育作为连接人才链和产业链的重要纽带，对培养高技能人才、促进创新创业、增进人民福祉具有重要作用。鲁班工坊是天津先行先试的职业教育境外办学国家品牌，经过几年的深耕与发展，已经成为跨越国界的职业教育合作典范，不断助力构建人类命运共同体，促进共建"一带一路"国家民心相通。

　　自全球第一个鲁班工坊在泰国建成以来，截至 2023 年底，经过 7 年的建设与发展，鲁班工坊不断取得新的发展成效，已在 27 个国家落地 29 个项目，覆盖亚、欧、非三大洲。从泰国的轨道交通模拟驾驶实训基地到哈萨克斯坦的智能网联汽车实训区，从科特迪瓦的电气自动化实验中心到埃及的新能源汽车培训中心，从葡萄牙的工业机器人实训区到保加利亚的智慧农业实训中心，这些鲁班工坊在为合作国家培养高素质技术技能人才的同时，也在中亚、中欧与中非之间架起人文交流的友谊之桥。鲁班工坊以技术为语言，以"授人以渔"的东方智慧，为合作国的产业发展、培养本土化的高技能人才提供了切实有效的"中国方案"。

　　随着建设辐射范围的持续扩大，需要不断深入研究如何使鲁班工坊成为一个高质量的、可持续发展的国际品牌项目。天津市鲁班工坊研究与推广中心研究团队以全球鲁班工坊的建设与发展实际为依据，采用实地访谈、问卷调查、文献分析等研究方法，开展面向中外教师、学生、行政主管部门及海外中资企业等多个维度的调查研究。总报告全面总结鲁班工坊建设与发展的整体建设情况；分报告对尼日利亚、科特迪瓦、贝宁、塔吉克斯坦、俄罗斯 5 个工坊进行个案研究，系统梳理中国院校在海外创建鲁班工坊的路径与成效，凝练鲁班工坊的标准化建设模式；专题报告从人才培养质量、专业建设、品牌建设等方面进行深入剖析，提出未来高质量可持续发展的重要策略。

《2023 年鲁班工坊建设与发展报告》不仅能够为全球鲁班工坊提供非常宝贵的实践经验，同时也为鲁班工坊影响力、吸引力的提升贡献积极力量。

中国教育国际交流协会秘书长

杨军

2024 年 11 月

目 录

第三部分　专题报告

第一部分

总报告

第一章 / 鲁班工坊建设与发展概览

2023 年是"一带一路"倡议提出 10 周年，在第三届"一带一路"国际合作高峰论坛上，习近平主席提出独具特色的鲁班工坊、"丝路一家亲"、"光明行"等人文交流项目，不断深化的民间组织、智库、媒体、青年交流，奏响了新时代的丝路乐章，未来还将通过鲁班工坊等推进中外职业教育合作。鲁班工坊已成为服务国家外交的金色名片。

截至 2023 年 12 月，中国已经在亚洲的泰国、印度、印度尼西亚、巴基斯坦、柬埔寨、塔吉克斯坦、哈萨克斯坦、乌兹别克斯坦，欧洲的英国、葡萄牙、保加利亚、塞尔维亚、俄罗斯，非洲的吉布提、肯尼亚、南非、马里、尼日利亚、埃及、科特迪瓦、乌干达、马达加斯加、埃塞俄比亚、摩洛哥、卢旺达、加蓬、贝宁等国家创建了 29 个鲁班工坊。建立了从中职到高职、应用本科再到研究生层次的国际职业教育体系。

天津市鲁班工坊研究与推广中心的不完全统计显示，截至 2023 年 12 月，在鲁班工坊国际合作专业注册的学历生和其他专业选修课程的学历生已达到 1.76 万人；项目合作的国际企业有百余家，鲁班工坊的培训面向合作国当地企业员工，合作院校及区域院校的师生、社会人员等累计培训总量达 9.54 万人次，为合作国经济社会发展培养了大量急需的技术技能人才，持续支持和促进着合作国繁荣发展与中外深化合作，成为推动人类命运共同体建设的重要力量。

经过 7 年的积累，以鲁班工坊为载体中外合作共同推动职业教育的发展与进步，中外专业教师共同建设国际合作专业，开发教学资源，已公开出版双语教材 145 本，相关校本教材 420 本（含中外文自编实训讲义、实训工作手册等）。在泰国、印尼、巴基斯坦、印度、埃及、埃塞俄比亚、葡萄牙、肯尼亚、哈萨克斯坦、乌兹别克斯坦、马达加斯加、俄罗斯 12 个国家设立了 EPIP 研究推广中心，推广先进的教学理念与教学模式。鲁班工坊已累计为相关国家培训教师 3300 余人次，累计培训总时长约 20.32 万小时。

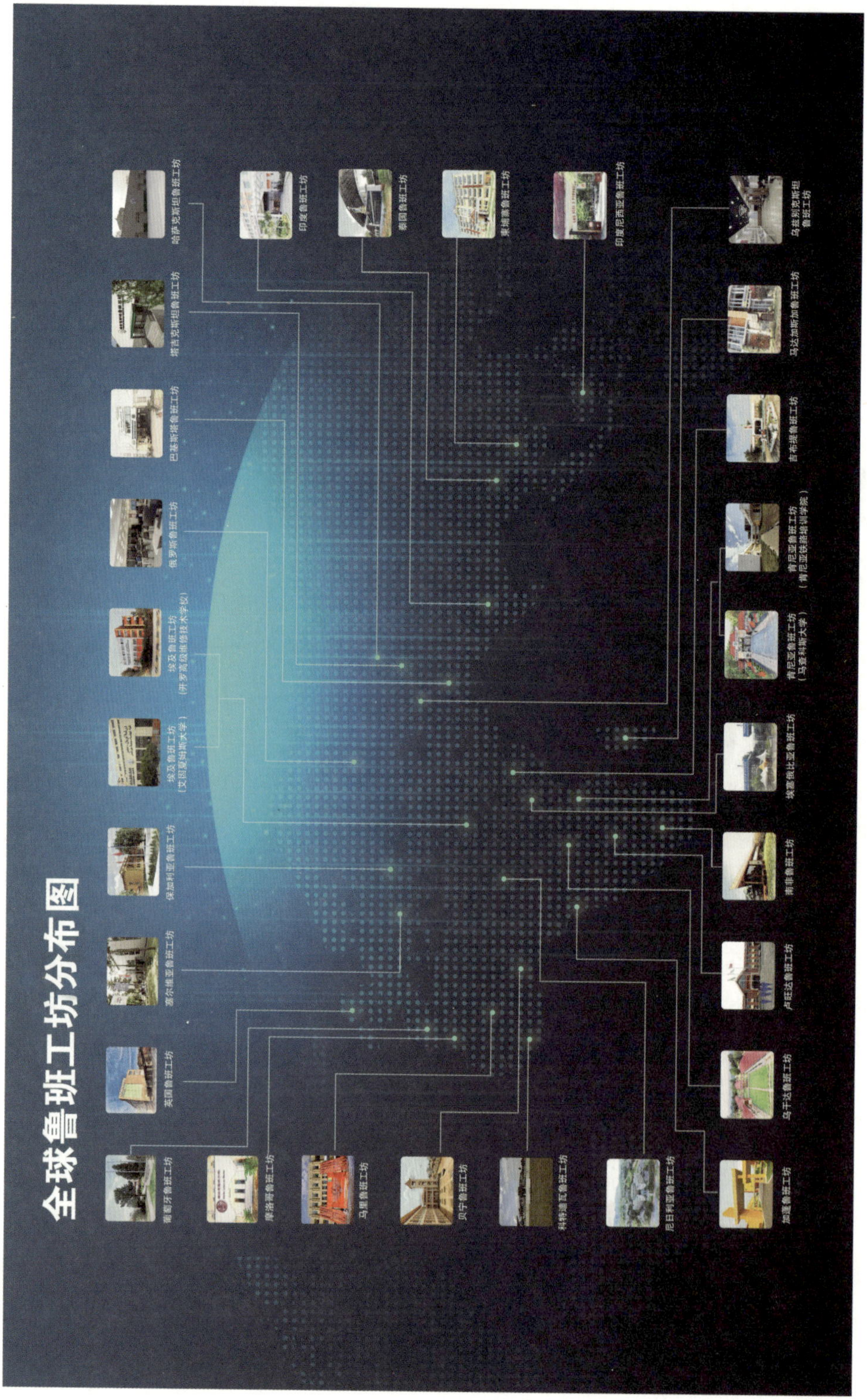

图 1-1　全球鲁班工坊分布图

第一节　鲁班工坊发展进程

一、汇聚多方力量，实现跨越发展

成立鲁班工坊建设专家委员会。专委会由工科、职业教育、国际中文、行业企业等多领域专家组成，通过组织开展专业调研论证，发挥专委会的专业优势，对鲁班工坊建设的重大事宜提出专业性、建设性的意见建议，产出高质量研究成果，提升鲁班工坊建设相关工作的科学化水平，为鲁班工坊高质量发展提供智力支撑。

2023年5月，在天津召开鲁班工坊建设联盟第二次成员大会，这是鲁班工坊建设联盟扩容后的首次成员大会，300余位联盟成员代表出席本次大会。其中，新增院校会员140所，企业会员46家，截至2023年鲁班工坊建设联盟成员单位达到323个，包括258个成员单位（200所院校成员单位、54个企业及行业协会成员单位、4所研究机构成员单位），以及65所院校观察员单位，实现了联盟网络跨越式发展。

联盟扩容为更多的中国院校、企业和研究机构参与鲁班工坊建设搭建起交流平台，第二次成员大会分设非洲专场、亚洲专场，以及欧洲、拉美、阿拉伯等地区专场，从全球不同区域职业教育国际合作探索出发，共同探讨鲁班工坊及境外办学项目建设经验、路径、特色及挑战应对策略。同时，借助联盟平台汇聚各方资源、形成强大合力，促进联盟成员单位统一认识、凝聚共识，为鲁班工坊这一境外办学品牌项目的高标准定位、高水平建设、高质量发展提供前行动力。

二、助力对外开放，持续新建项目

推进鲁班工坊建设等职业教育合作项目列入中国—中亚峰会成果清单。2023年5月，中国—中亚峰会提出实施"中国—中亚技术技能提升计划"，在中亚国家设立更多鲁班工坊，鼓励在中亚的中资企业为当地提供更多就业机会。

中国院校在中亚建设鲁班工坊进入快车道。2023年8月，浙江水利水电学院、浙江交通职业技术学院与吉尔吉斯斯坦国立技术大学共同签署《中吉鲁班工坊合作备忘录》，标志着吉尔吉斯斯坦鲁班工坊将进入实质性筹建阶段。2023年12月，依据《鲁班工坊建设规程》《鲁班工坊运营项目认定标准（试行）》，按照认定工作程序，经中国教育国际交流协会与天津市教育委员会联合认定，并经鲁班工坊建设联盟理事会审议通过，天津职业大学与东哈萨克斯坦技术大学合作项目、天津海运职业学院与乌兹别克斯坦塔什干国立交通大学合作项目被认定为鲁班工坊运营项目。

三、强化产权保护，提升品牌价值

为加强鲁班工坊国际知识产权保护，2022 年 10 月启动英国鲁班工坊知识产权保护工作，经过周密的准备，由天津市教育科学研究院为申请人，于 2023 年正式向英国知识产权局提起商标权申请，在第 41 类产品服务类别上，鲁班工坊商标于 2023 年 7 月由英国知识产权局按照正常程序正式核准注册，明确鲁班工坊商标受到英国政府认可及英国商标法的保护，鲁班工坊商标在英国可以使用且受保护范围主要包括：教学、教育服务、学术讨论会的安排和组织、图书出版、竞赛组织（教育或娱乐）、为文化或教育目的组织展览、广播电视节目制作等诸多方面。

英国鲁班工坊商标权注册的意义重大，标志着具有中国知识产权的职教品牌项目在海外合作国获得了法律保护，有力地提升了中国职教国际合作项目鲁班工坊的品牌价值。

四、试点质量评估，推动持续发展

对完成 3 年建设周期的鲁班工坊开展质量评估是确保项目高质量可持续发展的制度保障，天津市鲁班工坊研究与推广中心组建了专家组，基于天津院校建设鲁班工坊的成功经验，研究制定了试行版的鲁班工坊质量评估指标体系，从鲁班工坊的总体发展与项目建设成效等多个方面对鲁班工坊的总体建设质量和影响力进行综合性评价。质量评估试点工作在 2021 年启动，研推中心从鲁班工坊建设联盟及具有丰富国际合作理论与实践基础的全国专家中遴选组建专家团队，对项目进行了系统化的质量评估。评估工作采用研推中心独立第三方问卷调查评估、专家组质询、现场检查等多种形式，从不同视角对鲁班工坊进行综合性评价。

截至 2023 年 12 月，已完成泰国鲁班工坊、英国鲁班工坊、印度尼西亚鲁班工坊、柬埔寨鲁班工坊、印度鲁班工坊、巴基斯坦鲁班工坊、葡萄牙鲁班工坊和吉布提鲁班工坊 8 个项目的质量评估试点工作，实践探索显示，质量评估对鲁班工坊持续发展的作用是显著的，不仅帮助项目组凝练特色创新经验，也为项目可持续发展指明了方向。

五、引领职教出海，荣获国家奖项

鲁班工坊作为中国职教出海的金色名片，其建设与发展凝聚了中国职业教育改革与发展的优秀成果。截至 2023 年 12 月，鲁班工坊已经有两项成果获得国家级教学成果奖。《开发国际化专业教学标准，创设"鲁班工坊"职业教育国际合作的研究与实践》获得 2018 年国家级教学成果奖一等奖，为职业教育国际合作教育教学领域的深化改革探索了路径。《模式创立、标准研制、资源开发、师资培养——鲁班工坊的创新实践》获得 2022 年职业教育国家级教学成果奖特等奖，解决了职业教育国际化的基础性问题：一是有效解决了职业教育国际合作长期存在的模式盲从、标准依赖、效果不彰等问题；二是系统解决了中国职教面向世界实施产教融合，开展跨国界职教合作的内涵依据问题；三是解决了中国职业教育走出去，与世界分享的路径、载体与保障问题。

第二节　项目发展与能力提升

一、项目建设发展

（一）合作专业发展

随着鲁班工坊项目建设的发展，中外合作国际专业的规模不断扩大，到 2023 年累计开发了装备制造、电子信息、交通运输、土木建筑、能源动力与材料、财经商贸、旅游与医药卫生等 14 个大类共计 76 个专业，较 2022 年增加 15%，其中以高职专业为主，占比达到 80%。

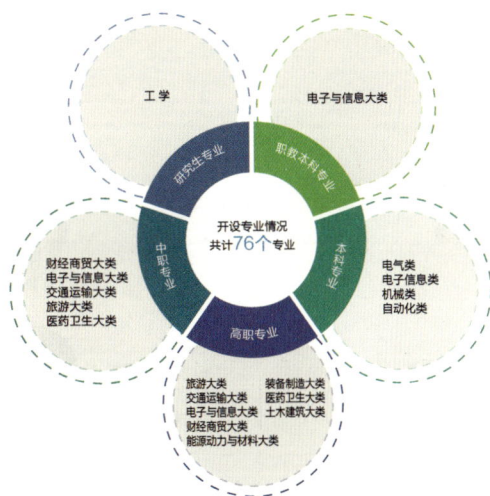

图 1-2　鲁班工坊建设专业情况

这些专业均紧紧围绕合作国家的经济转型和产业发展需求而开设。如基于埃及绿色经济与工业化发展需求，创立了新能源应用技术、数控设备应用与维护、汽车运用与维修技术等专业；顺应高速铁路建设需求，在泰国、吉布提、尼日利亚开设了铁路运维与相关管理专业；适应信息技术、智能技术的发展需求，在南非、肯尼亚等国家开设了物联网应用技术、云计算等专业。先进制造技术类专业是鲁班工坊建设需求最大的专业类别，涉及葡萄牙、马达加斯加、印度、巴基斯坦、乌干达、科特迪瓦等国家，这也反映了当前各国发展对技术进步的需求。

（二）办学场地建设

办学场地是鲁班工坊项目顺利进行的物质基础和关键载体。统计数据显示，截至 2023 年 12 月，鲁班工坊项目的办学场地总面积已超过 38000 平方米，较 2022 年增加了 3832 平方米，主要用于专业实习实训教学、基础实验课程、人文交流活动、项目成果展示等。

其中，12 个鲁班工坊的场地面积超过 1000 平方米，柬埔寨鲁班工坊、尼日利亚鲁班工坊和肯尼亚鲁班工坊的场地建设面积位居前三，其中柬埔寨鲁班工坊因为承载了面向澜湄五国的区域职业教育与培训，拥有 18 间实训教室，因此办学场地面积最大且为独栋楼设计。

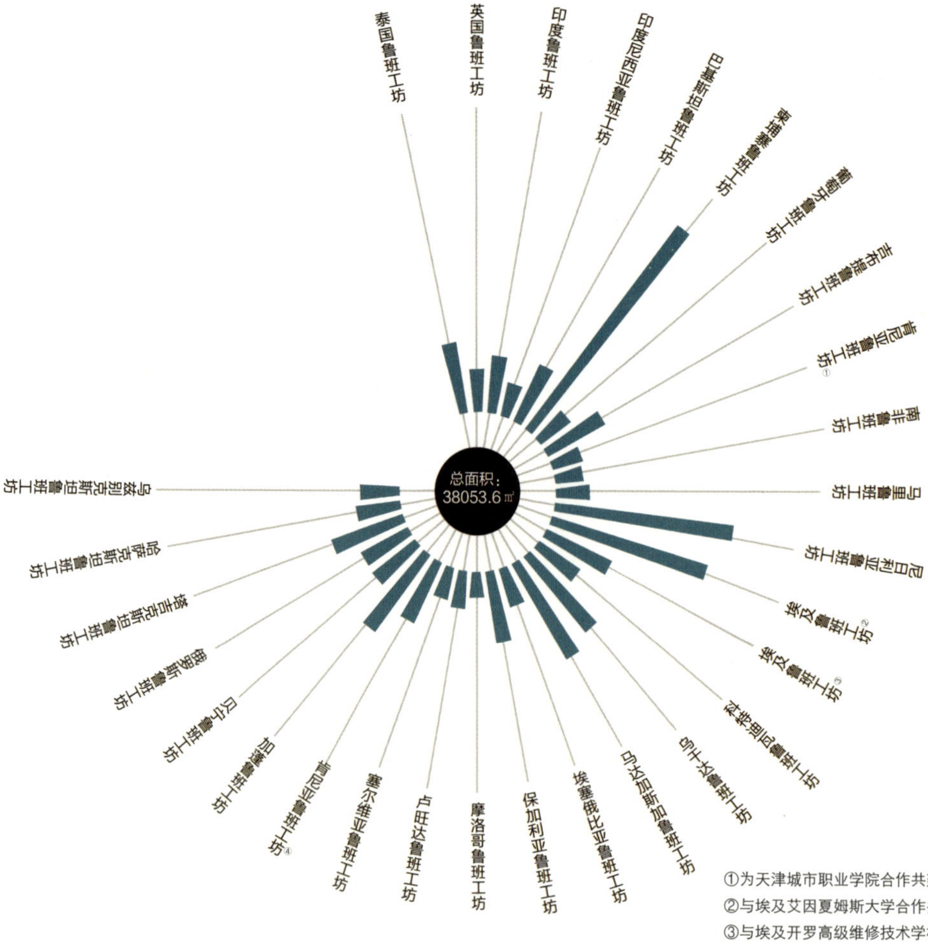

①为天津城市职业学院合作共建项目。
②与埃及艾因夏姆斯大学合作共建。
③与埃及开罗高级维修技术学校合作共建。
④为陕西铁路工程职业技术学院合作共建项目。

图 1-3　鲁班工坊场地建设情况

（三）教学设备保障

先进的教学实训设备是鲁班工坊质量的重要保障。29 个项目累计教学设备的总台套数达到 9535 台，其中新增台套 1134 台；为学生提供的实习工位总数达到 4433 个，其中新增工位 993 个。

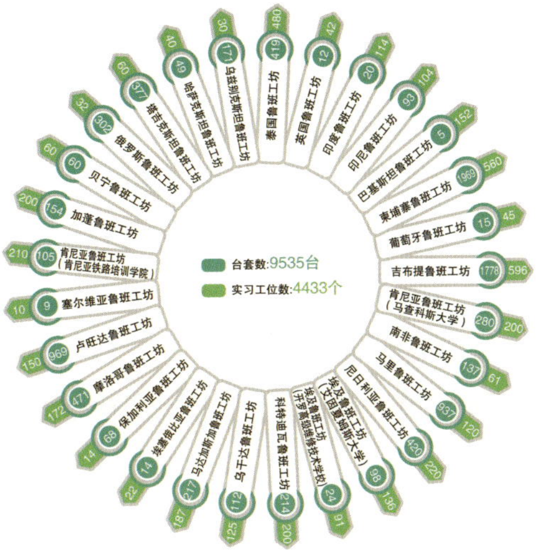

通过这些增长可以看到，鲁班工坊在中外参建者的共同努力下，正在高速发展。一是中外参建者持续投入资源，不断增加教学装备数量，更新升级技术，以适应新技术

图 1-4 鲁班工坊教学实训设备情况

的发展和产业的需求；二是实习工位数的增长表明，项目越来越重视对学生的实践能力的培养，产教融合、校企合作理念在合作国被重视；三是新项目新专业的开设显示了鲁班工坊面对市场需求变化不断拓展适应。

（四）课程资源开发

1. 课程开发

课程建设是鲁班工坊最核心的环节。截至 2023 年 12 月，全球 29 个鲁班工坊课程开发总量达到 534 门，这些课程均以先进的教学模式为依据，结合本土化需求而开发，不仅用于合作专业的学历教育，同时也用于其他专业选修以及社会和企业的培训，因此适用范围广泛，对提升学生的就业竞争力、推进中外职业教育合作都具有重要的意义。

图 1-5 鲁班工坊国际课程资源开发情况

每个项目开发课程的规模受到其合作国产业发展水平，合作院校受益学生、教师、学员的需求，学历教育与职业培训制度要求等因素的影响，每个项目课程开发的数量差异较大，泰国鲁班工坊、柬埔寨鲁班工坊、吉布提鲁班工坊、卢旺达鲁班工坊和巴基斯坦鲁班工坊的课程开发数量位居前五；在课程所属专业类别上则是以铁路运维类课程和先进制造类课程开发规模最大，这也与合作国的产业需求紧密对接。

2. 教材开发

教材资源的建设直接关系鲁班工坊的教学质量和学生的学习效果。截至2023年12月，鲁班工坊公开出版的中外文双语教材达到145册，相关校本教材（含中外文自编实训讲义、工作手册等）达到420册。调查显示，活页式校本教材在所有鲁班工坊的教育教学应用中最为普及，因其灵活的编写形式、模块化的内容设计，便于根据学生的实际情况和需求进行量身定制，使得鲁班工坊的教育教学更加贴合学生的学习背景和未来的职业发展。

3. 信息化资源开发

随着信息技术的飞速发展，教育领域正经历着一场深刻的变革。信息化教学资源建设对国际合作教育具有重大的意义，打破了时间和空间限制，充分满足海外学生、教师、社会与企业学员的专业学习需求。统计数据显示，截至2023年12月，鲁班工坊的信息化教学资源包括PPT（总计6518个）、视频资源（总计54641.7分钟）和题库（总计967个）等，29个项目中信息化资源开发最多的前五位分别是埃及鲁班工坊、马达加斯加鲁班工坊、肯尼亚鲁班工坊、泰国鲁班工坊和马里鲁班工坊，信息化教学资源为鲁班工坊适应合作国不同学习者的不同学习需求提供了有力保障，同时也使得鲁班工坊的服务范围和服务形式有了更大的空间。

（五）海外师资培训

海外师资培训是鲁班工坊建设的首要环节。多样化的培训不仅满足了专业教师不断提升教育技术、教学方法的需求，同时也为鲁班工坊教育质量的提升奠定了坚实的基础。统计数据显示，2016—2023年，

培训外方师资
3308人次

培训外方
师资情况

培训总时长
248073.2时

平均学习时长
61.43小时

图1-6 合作国专业教师培训情况

外方专业教师来华培训和本土培训的规模达到 3308 人次，为其开设的专业培训与企业实践课程总时长达到 248073.2 小时，其中参加在线培训的海外专业教师为 1654 人次。

研推中心通过现场访谈调查发现，海外专业教师对培训给予了很高的投入，表示持续性的培训助其更新了教学理念，掌握了新的教学方法，拓宽了国际视野；同时与中方专业教师互学互鉴，促进了中外双方院校的专业教育改革，增强了跨文化交流能力。这些能力的提升，直接促进了教学质量的提高，使得学生们能够接受到更加优质的教育。

（六）双语师资培养

鲁班工坊不仅将中国优秀的教育资源、教育技术与国际分享，在中外交流的过程中，中国专业教师的专业能力尤其是双语教学的能力也实现了飞跃式的提高。研推中心的统计显示，截至 2023 年 12 月，鲁班工坊项目中双语教师的人数高达 559 人，其中泰国鲁班工坊、肯尼亚鲁班工坊（肯尼亚铁路培训学院）、卢旺达鲁班工坊的双语教师数量排名前三。

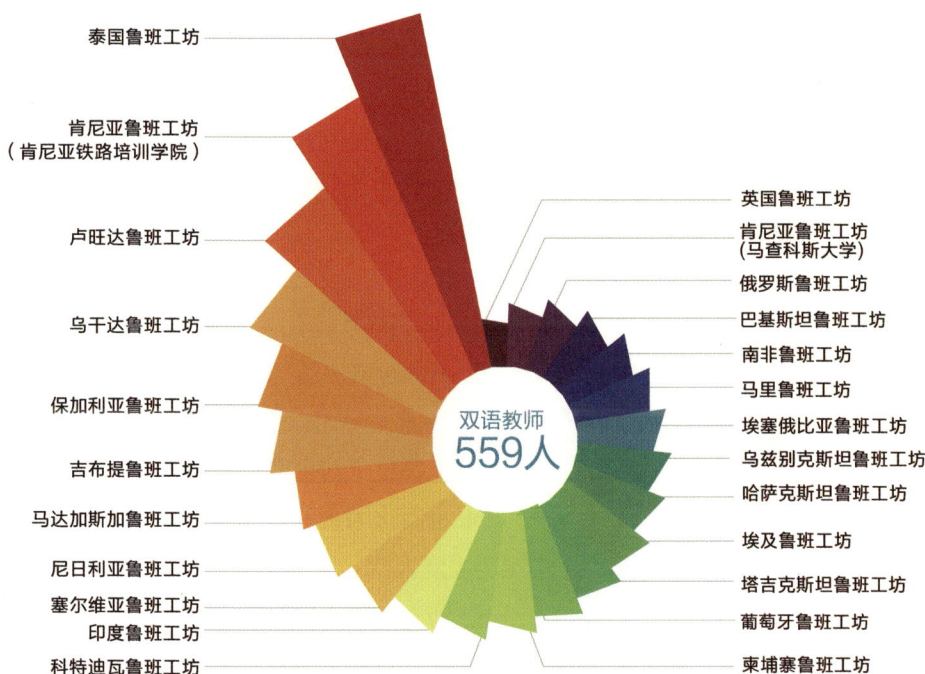

图 1-7　双语专业教师情况

实践表明，双语教师应用熟练的双语进行专业授课，更有利于帮助学生理解不同国别背景下的技术学习思维方式，培养学生具备全球视野。同时，双语教师还承担着协调中外专业教育、促进中外人文交流的责任，通过与来自不同国家和地区的教育管理者和专业教师进行有效沟通，助力中外院校对鲁班工坊的日常教学进行组织管理，共同制订长远发展规划。

二、成果与成就

（一）人才培养培训

鲁班工坊合作办学包括学历教育和非学历教育。学历教育方面，截至 2023 年 12 月，鲁班工坊已累计为 17558 名合作专业学生和选修课程学生提供了学历教育，其中包括来华留学生 570 人和本土学生 16988 人。

受到合作国教育政策和产业发展需求等因素的影响，各国学历生的规模有较大不同，一些国家如塔吉克斯坦、印度、柬埔寨、埃及、科特迪瓦、乌干达和埃塞俄比亚等亚洲和非洲国家的学历教育学生数量相对较多。截至 2023 年 12 月，鲁班工坊总在校生规模为 11371 人，中外专业教师合作为学生开发了系统的课程，学生在工坊能够接受完整的知识、技术教育，包括专业基础理论课和综合实践课。

图 1-8　鲁班工坊人才培养情况

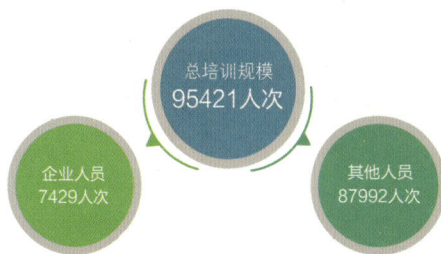

图 1-9　鲁班工坊培训情况

开展多样化的职业培训是鲁班工坊助力各国提升人力资源素质、促进经济发展的重要路径。研推中心的统计数据显示，鲁班工坊已累计培训 95421 人次，其中定制化为企业员工进行的培训规模达到 7429 人次，面向社会、师生等培训规模达到 87992 人次，充分展示了鲁班工坊在积极履行社会责任，通过提供企业培训和社会培训帮助当地员工提升技能，助力本土社会经济发展。

在培训方式上，非学历教育所提供的职业培训、短期课程、工作坊等为在职人员提供了提升自我、更新知识的平台。在技术手段上，采取线上线下相结合的方式，充分应用信息技术为更多的企业员工和社会人员提供有针对性的培训服务，以灵活多变的形式，满足了合作国对多样化技术技能培训的需求。统计数据显示，非学历教育培训的规模在不同国家和地区之间存在显著差异，泰国、印度、吉布提等国家的职业培训人次和规模相对较大，特别是泰国，其培训人次远超其他国家，其影响力已经超出区域与国家范围，在东盟形成了一定影响力。几年的实践显示，信息技术的应用能够极大地拓展培训的范围，但同时也存在一定的质量问题，不能确保线上教学质量与传统的线下培训具有同等效果，这也是线上培训需要解决的问题之一。

（二）毕业生质量

鲁班工坊的建设不仅关注学生的就业，也支持学生的个人发展和职业规划。自2018年首届鲁班工坊学生毕业以来，截至2023年，全球鲁班工坊已有6000余名学历生毕业，毕业生一部分在合作国当地企业就业，一部分继续升学。受环境和信息来源影响，据不完全统计，本土就业的毕业生规模为3263人，这些毕业生由于接受了高质量的学历教育与职业培训，掌握先进的行业技术技能，能够熟练应用技术装备并具备一定的研发能力，成为本地区具有较强就业竞争力的青年，这一成果在区域经济增长较快的印度尼西亚、印度和巴基斯坦等国较为显著。调查显示，另一部分毕业生则通过国家考试进入高一级院校继续深造，升学形式多样，既包括从中职升入高职，也包括从高职升入应用本科，以及本科升入研究生，升学较多的为泰国鲁班工坊、印度尼西亚鲁班工坊、柬埔寨鲁班工坊和葡萄牙鲁班工坊等。

师生满意度调查。高素质技术技能人才培养是全球鲁班工坊建设的核心内涵。总体而言，鲁班工坊经过7年的高质量建设与稳步发展，人才培养成效明显。

第一，师生对鲁班工坊人才培养全过程给予高度肯定。鲁班工坊师生均认为鲁班工坊人才培养目标能够满足多元需求，均认为鲁班工坊人才培养目标能够满足学生发展需求，比例最高，分别为88.14%和86.24%；88.18%的鲁班工坊学生对教学方式表示满意。在人才培养效果方面，鲁班工坊学生认为多元因素能够影响自身未来职业发展，其中专业设置满足企业需要（73.26%）、课程内容丰富且实用性强（67.25%）、教师能力较强且学习效果理想（62.98%）是鲁班工坊学生认为能够影响自身未来职业发展的最重要的三个因素。鲁班工坊学生在就业（36.24%）和升学（45.74%）意愿中均表现出了对中国的向往，83.92%的学生认为鲁班工坊在当地很受欢迎，鲁班工坊已经成为非常重要的民生项目。

第二，毕业生对学业成就获得的满意度给予很高评价。通过鲁班工坊人才培养，鲁班工坊毕业生在信息获取和运用能力、人际交往能力、技术应用能力、资源管理能力、统筹能力 5 个方面的关键能力上的获得感较强，比例分别达到 76.54%、72.63%、65.92%、56.42% 和 28.49%。

第三，毕业生对就业满意度给予积极评价。总体而言，达 87.15% 的鲁班工坊毕业生对工作满意。高达 91.62% 的鲁班工坊毕业生完全能够适应单位的工作环境，高达 92.74% 的鲁班工坊毕业生认为鲁班工坊的学习经历有益于扩展未来工作发展空间。调查最终显示，高达 91.62% 的鲁班工坊毕业生对鲁班工坊的推荐度很高。

（三）中外获得奖项

中外政府奖。鲁班工坊的国际影响力是巨大的，得到了中外政府的高度认可。

A

1. 世界职业院校技能大赛
2. 世界机器人大赛锦标赛
3. 金砖国家职业技能大赛
4. "一带一路"暨金砖国家技能发展与技术创新大赛
5. 全国职业院校教师技能大赛
6. 全国行业职业技能竞赛
7. 全国数字创意教学技能大赛
8. 全国人工智能应用技术技能大赛
9. 全国职业技能大赛
10. 全国职业院校技能大赛国际邀请赛
11. 启诚杯EPIP鲁班工坊国际邀请赛
12. 机械行业职业教育技能大赛国际组比赛
13. 工程实践创新项目师生挑战赛

B

1. 世界职业院校技能大赛
2. "一带一路"暨金砖国家技能发展与技术创新大赛
3. 国际智能体育大会
4. 中非（埃塞）大学生工业机器人技术应用友谊赛
5. 泰国职业技能和基础技能大赛
6. 泰国首届铁道运输系统邀请赛
7. 吉布提鲁班工坊职业技能大赛
8. 启诚杯EPIP鲁班工坊国际邀请赛
9. 启诚杯电脑鼠国际邀请赛
10. 俄罗斯－"复杂系统中的信息技术"互联网奥林匹克
11. 俄罗斯计算机安全竞赛
12. 俄罗斯第六届全国大学生校际锦标赛
13. 塔吉克斯坦"科学-知识之光"竞赛
14. 印尼技能大赛

图 1-10 鲁班工坊师生技能竞赛情况

一方面，为了表彰项目为当地经济社会发展所作出的巨大贡献，合作国政府给予鲁班工坊参建中方院校各种荣誉，典型的如泰国鲁班工坊中方院校天津渤海职业技术学院和天津铁道职业技术学院获得泰国诗琳通公主纪念奖章、泰国职业教育委员会杰出贡献奖和泰国大城省政府杰出贡献奖；柬埔寨鲁班工坊中方参建院校中德应用技术大学获得柬埔寨王国政府萨哈梅特里军官和骑士勋章，柬埔寨劳工部突出贡献奖；塞尔维亚鲁班工坊中方参建院校浙江旅游职业学院获得世界职业院校与技术大学联盟（WFCP）卓越奖，等等。另一方面，中国政府也给予作出突出贡献的外方院校高度肯定，泰国大城技术学院原院长因其在首个鲁班工坊的创立与发展，以及推动中泰人文交流与国际产教融合方面作出的巨大贡献，于 2023 年获得中国政府友谊奖。

技术技能竞赛奖。凭借优质的教育教学，鲁班工坊中外合作院校的师生在国内外各类技能竞赛中取得了优异的成绩，获奖数量逐年递增，尤其是金牌数量日益增多。师生在各级各类比赛中获奖总数达到 1550 人次，其中，教师获奖 1014 人次，学生获奖 536 人次。

技能大赛涉及广泛，国际性大赛主要包括首届世界职业院校技能大赛、"一带一路"暨金砖国家技能发展与技术创新大赛、中国国际"互联网+"大学生创新创业大赛、东盟技能大赛等，国家层面的技术技能大赛包括全国职业院校技能大赛、俄罗斯–"复杂系统中的信息技术"互联网奥林匹克竞赛、塔吉克斯坦"科学–知识之光"竞赛、泰国职业技能大赛、印度尼西亚国家级自动化生产线大赛、启诚杯第四届中国 EPIP Micromouse 国际邀请赛暨电脑鼠国际大赛中国地区选拔赛等，在这些面向全球或者区域的技术技能竞赛上，鲁班工坊参建院校的师生成绩突出，金奖获奖数量不断攀升。这些荣誉和成就不仅彰显了鲁班工坊在培养国际化技能型人才方面的显著成效，也为未来中外合作办学提供了良好的基础。

（四）重大人文交流活动

促进中外人文交流是鲁班工坊的重任之一。师生互访、中外联合组队参赛、举办学术论坛等是鲁班工坊人文交流的主要形式，通过形式多样的交流方式打破了地域的限制，为来自不同国别的师生、官员、学者和企业家等搭建交流平台。截至 2023 年 12 月，中外师生交流为总量为 8216 人次，线下师生交流中学生互访 741 人次、教师互访 1589 人次，其余为线上交流。参加各级各类技术技能竞赛交流的中外师生总量为 1200 人次，其中参赛的中外专业教师 131 人次，学生 1069 人次。

2023 年在葡萄牙举办"一带一路"职业教育国际合作与发展论坛，来自葡萄牙高等教育机构、塞图巴尔市政府官员，以及葡萄牙鲁班工坊中外参建院校代表、葡语系合作大学代表和天津市教育科学研究院专家，以"创新、融合、发展"为主题，共同探讨如何以国际项目为载体，推动中葡国际合作与交流。中外专家提出，应在两个方面加强合作：一是加强在各专业应用技术领域的科研与教育合作，促进中外师生交流，为学生营造多元化国际教育环境，形成超越国界的相互理解，实现共同进步；二是成立葡萄牙鲁班工坊校企联盟，借助先进的技术设备强化与国际企业的紧密合作，有针对性地为企业提出解决方案，实现共赢。

（五）中外宣介推广

鲁班工坊的建设从开始创立就得到各国政府和社会组织的高度关注，中外媒体给予了持续性的报道，研推中心不完全统计显示，截至 2023 年 12 月，累计在国内外权威媒体的报道次数达到 2067 次。

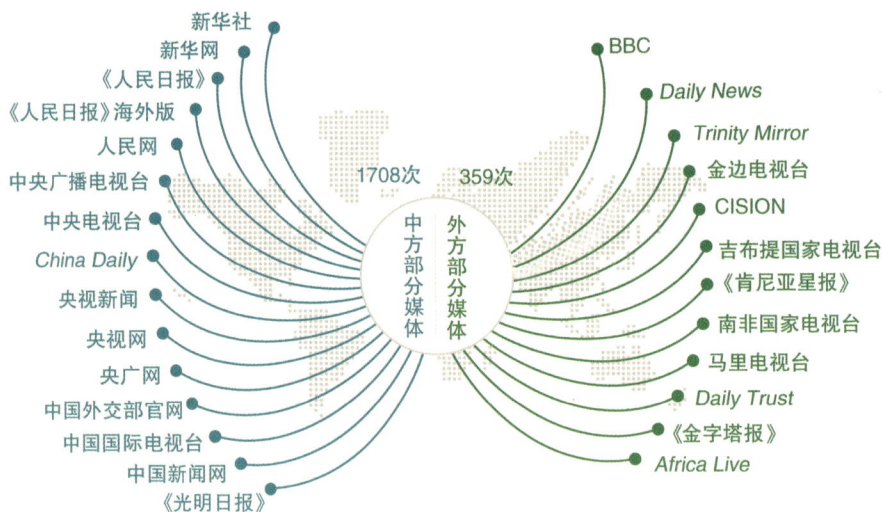

图 1-11　全球媒体宣传报道情况

泰国的 *Siam Rath online news*、*Daily News*，英国的 BBC，印度的 Trinity Mirror，柬埔寨的《和平岛报》、金边电视台，葡萄牙的 CISION、Conta Loios、Wintech、PCGUIA、SAPO 门户网站，吉布提国家电视台、《国家报》，南非国家电视台等

传统媒体和新媒体都对鲁班工坊的建设与发展进行了持续性报道，如今越来越多的合作国家重视鲁班工坊的建设与发展，将其作为中外民心相通的友谊之桥。

第三节　产教融合助力区域发展

实施国际产教融合是鲁班工坊助力国际产能合作的核心内容，也是鲁班工坊建设与发展的基本原则。随着劳动力市场国际化程度的不断提高，技术技能人才在全球范围内流动与迁徙成为不可避免的潮流和趋势，迫切需要强化产教融合、校企合作，促进各国技术的共同提升。实施产教融合既是促进本土经济、国际产能合作的重要路径，也是世界各国职业教育实现高质量发展的有效方式。

当前，我国已与80多个国家签署了"一带一路"合作协议，同30多个国家开展了机制化产能合作，在沿线24个国家推进建设75个境外经贸合作区，创造了近20万个就业岗位，对全球发展产生积极和深远的影响。无论是"一带一路"国际产能合作还是鲁班工坊在地国的产业发展，都需要加快职业教育培养高素质本土化人才，为全球经济实现持续发展提供人才支撑。

截至2023年12月，鲁班工坊已累计面向各类企业和社会的培训总量达9.54万人次，培训类型多样化，包括定制式专项培训、社会培训等，培训方式既有线下培训也包括线上培训，目前累计的线上培训规模达到13699人次，服务范围不断扩大。29个鲁班工坊每年为区域培养急需的学历教育学生规模达万人以上，涵盖中职、高职、应用本科和研究生四个层次，有效地满足了当地的企业对紧缺专业技术技能人才的迫切需求，以及所在地域的院校师生、社会人员对职业技能培训的要求。

国际产教融合校企合作的根本目的是服务合作国和区域的经济社会发展，鲁班工坊的建设紧紧围绕两国或多国区域的经济社会发展规划和产业升级需求，通过人才培养、技术创新等多种形式，助力促进其发展。调查显示基于鲁班工坊的国际校企合作是深度融合的，合作企业深度参与鲁班工坊的建设与发展，将企业的技术标准、工艺技术等融入从专业标准的设计到课程资源的开发，以及教学的组织与实施的教育教学全过程，使得鲁班工坊的教育教学完全契合国际经济社会发展的实际需求，为其培养了具有竞争力的本土化技术技能人才。

典型一：

鲁班工坊为区域协同发展提供动力。典型的如为澜湄合作而创建的柬埔寨鲁班工坊，其建设定位于立足柬埔寨、服务澜湄五国、辐射东盟十国，集职业教育、职业培训、科学研究、文化传承、创新创业五位一体按照市场化运作的国际化职业教育中心。

典型二：

鲁班工坊服务非洲铁路与轨道交通产业的发展。以天津铁道职业技术学院为例，自 2019 年吉布提鲁班工坊和尼日利亚鲁班工坊创建以来，为亚吉铁路当地员工开设线路工、信号工、通信工等 8 个工种的线上教育培训，2967 名本土员工取得培训结业证书；2022—2023 年，完成亚吉铁路那噶德车站铁路员工、亚吉铁路高层管理人员培训，为亚吉铁路在"一带一路"十周年之际实现非洲本土化运营提供了有力保障。

典型三：

服务南亚农业技术的发展。典型的如巴基斯坦鲁班工坊，项目定位于服务巴基斯坦"超级大省"旁遮普省工业现代技术人才培养和农业机械化转型升级。国际企业勇猛机械公司与项目参建单位协同合作，紧紧围绕巴基斯坦农业发展的现状，开发了适用课程标准，研发设计了农机装备，助力当地农业机械化应用推广与技术创新，凭借强动力、高性能和智能化的农机产品，其技术在巴基斯坦被广泛认可。

第四节　品牌打造与发展策略

从 2018 年 9 月 3 日中非合作论坛北京峰会宣布要在非洲设立 10 个鲁班工坊，向非洲青年提供职业技能培训；到 2023 年 10 月 18 日第三届"一带一路"国际合作高峰论坛开幕式宣布高质量共建"一带一路"八项行动，通过鲁班工坊等推进中外职业教育合作。鲁班工坊作为职业教育在中外人文交流领域的标志性成果，正在发挥更大的作用，推动着中外友谊不断加深。

一、加强全球知识产权保护

持续推进知识产权保护工作。知识产权保护是维护创新者合法权益、激励创新创造、推动经济社会发展的重要基石。现已经在英国成功注册了第一个鲁班工坊商标，这对保护鲁班工坊品牌在国际社会的权益具有重要意义，我国已经在海外创立了 29 个项目，涉及亚洲、欧洲和非洲国家，不同国家品牌保护申请要求不同，因此要全面保护其合法权益迫切需要加快进行中外商标权申请，使鲁班工坊在项目所在国获得全面的知识产权保护，从而维护全球鲁班工坊建设的市场秩序、保护参建各方的权益、促进项目持续发展，提升鲁班工坊品牌形象和社会公信力。

二、完善内部运行管理机制

职业教育的国际合作面临诸多不确定因素，亟待建立健全项目运营管理体制机制，强化项目参建各方协同管理、共建共享的鲁班工坊办学体制与运行机制，通过规范的多方合作协议、章程以及教学文件、实验实训室管理制度等，将参建各方的权利义务、学历教育与对外培训等实际要求融入其中，使鲁班工坊项目运行更加科学规范，确保项目建设的发展定位、组织运行、资源投入等关键要素严格遵循鲁班工坊的内涵发展要求，推动项目在专业教育、校企合作、人文交流等方面高质量可持续推进，实现品牌内涵价值的统一性。

三、健全外部质量评估制度

在鲁班工坊建设规程中明确规定，鲁班工坊实行项目制管理，每三年为一个项目周期。2022 年在首届世界职业技术教育发展大会期间，在多国驻华使节的共同见证下，全球首批鲁班工坊运营认证授牌项目启动，22 个鲁班工坊进入建设周期，如何对项目三年后的建设质量进行科学评估，以评促建、以评促改、评建结合，确保项目高质量发展是需要进行系统的科学研究与实践探索的。

天津市鲁班工坊研究与推广中心从 2021 年启动鲁班工坊试点评估科学研究与试点工作以来，结合项目所在国家的经济社会发展水平、合作院校的特点等因素，对 8 个项目进行试点探索。经过 3 年的实践，已经初步形成一套较为完整、体系化的质量评估标准和机制。建议鲁班工坊建设联盟以天津经验为基础，广泛征求专家学者和项目参建各方的意见建议，修正完善评估指标体系，优化评估流程与机制，形成兼具科学性、客观性和公正性的鲁班工坊质量评估标准体系，预计于 2025 年开始在全球范围的鲁班工坊中实施应用。另外，建立相应的管理制度体系，一是实施过程检查和结果评估下，通过专家组对鲁班工坊建设过程和实际运行效果进行全面客观的评价分析，帮助项目组不断总结经验、及时发现问题，并明确下一步整改方向；二是严格管理制度，项目三年建设期满，符合质量保障条件的，可以续接下一个项目周期，未能达到要求的则需要整改，并应在规定时限内完成。

四、强化实证性科学研究

鲁班工坊的建设从创建伊始就是与科学研究同步发展的，一方面大量的探索性实践为项目的发展提供可借鉴的经验，另一方面系统的科学研究为项目发展提供智库服务和科学指引。天津市鲁班工坊研究与推广中心至今已连续三年研究出版年度《鲁班工坊建设与发展报告》和《鲁班工坊建设发展概览（中英双语版）》〔《鲁班工坊发展蓝皮书（中英双语版）》〕，采用问卷调查、师生访谈等多种研究方式，翔实分析并记录鲁班工坊的发展状况与建设成就，为参建各方学习借鉴提供参考。

未来，应进一步加强海外项目的实证研究，通过对中外双方学校、教师、学生、合作企业、政府部门以及社会组织的综合性调研，结合不同国别的鲁班工坊建设背景，梳理分析其共同特征与个性特点，从鲁班工坊项目的建设模式、人才培养、校企合作和人文交流等多个方面进行深入分析，总结成功经验，发现存在问题，分析制约因素，提出改革策略，为鲁班工坊的可持续、高水平发展提供科学依据。

第二部分

分报告

第二章 尼日利亚鲁班工坊建设与发展报告

第一节 尼日利亚的社会经济与教育概况

尼日利亚鲁班工坊是服务"一带一路"建设的重要项目之一。尼日利亚鲁班工坊由天津中德应用技术大学、天津铁道职业技术学院与阿布贾大学合作共建，重点建设电气电子工程、机械工程和土木工程 3 个专业。尼日利亚鲁班工坊致力于通过产教融合、校企协同的国际合作机制，深化在学历教育和职业培训领域的合作，同尼方共享中国优质教育标准和教学资源，提升尼方教师专业能力和教学水平，为尼方培养大批高素质技术技能人才，助力当地经济社会发展和产业转型升级，为促进中尼两国人文交往、多元合作提供重要支持。

一、社会经济情况概述

尼日利亚，全称为尼日利亚联邦共和国（Federal Republic of Nigeria），位于西非东南部。全国总面积约为 92.38 万平方公里，海岸线长达 800 公里。尼日利亚地形复杂多样，包括平原、河谷、低地、丘陵、盆地、洼地、高原和山地等各类地貌，整体地势由北向南逐渐降低。首都阿布贾作为政治和文化中心，具有重要地位。

尼日利亚拥有丰富的自然资源，经探明的具有商业开采价值的矿产资源共有 44 种，主要包括石油、天然气、煤炭、石灰石、大理石、铁矿、锌矿，以及锡、铌、钽和铀等。尼日利亚位居非洲石油产量之首，全球石油生产排名第十，原油出口位列第七。其已探明的石油储量约为 370 亿桶，位居非洲第二、全球第十一；已探明的天然气储量达到 5.8 万亿立方米，排名非洲第一，全球第十。[1] 此外，尼日

---

[1] 商务部国际贸易经济合作研究院、中国驻尼日利亚大使馆经济商务处、商务部对外投资和经济合作司：《对外投资合作国别（地区）指南——尼日利亚（2021 年版）》，中华人民共和国商务部网站，http://www.mofcom.gov.cn/dl/gbdqzn/upload/niriliya.pdf。

利亚还是西非唯一的产煤国。然而，其他矿产资源尚未大规模开发。

从人口规模上看，尼日利亚是非洲第一人口大国，尼日利亚人口约 2.27 亿，有 250 多个民族。[①]

尼日利亚是非洲第一大经济体，2023 年国内生产总值为 3900 亿美元。[②] 此外，作为西非国家经济共同体（西共体）的领头羊，尼日利亚不仅国内市场广阔，商品还可以辐射非洲内陆国家，并逐渐进入美洲市场。

二、教育情况概述

尼日利亚的教育体系以西方教育为主导，小学教育由联邦政府资助，其他教育则主要依赖自费。学制包括小学 6 年、初中 3 年、高中 3 年、大学 4 年。截至 2021 年，全国范围内共有 137 所大学，其中知名学府包括艾哈迈德·贝罗大学、拉各斯大学、阿布贾大学、伊巴丹大学、尼日利亚大学和伊费大学等。此外，还有 100 多所技术学院，以及 16988 所普通高中、32833 所初中和 96901 所小学。[③]然而，大部分学校的教学设施老化，师资力量短缺。据联合国统计，2019 年，尼日利亚国内 5—14 岁的儿童中约有 1050 万未能入学。在 6—11 岁的儿童中，只有 61% 能定期上小学，而 36—59 个月的儿童中，只有 35.6% 接受了早期儿童教育。此外，东北部和西北部地区的一半以上的女孩未能就学。

第二节　中国与尼日利亚两国经济教育合作情况

一、中国与尼日利亚两国经济合作情况

中华人民共和国与尼日利亚联邦共和国（以下简称"中尼"）于 1971 年 2 月 10 日建交，自建交以来双边经贸关系发展顺利。2001 年 8 月，中尼在北京签署了《中华人民共和国政府和尼日利亚联邦共和国政府贸易协定》《中华人民共和国政府和尼日利亚联邦共和国政府相互促进和保护投资协定》，于 2010 年

---

① 《尼日利亚国家概况》，中华人民共和国外交部网站，https://www.mfa.gov.cn/web/gjhdq_676201/gj_676203/fz_677316/1206_678356/1206x0_678358/。

② 《尼日利亚国家概况》，中华人民共和国外交部网站，https://www.mfa.gov.cn/web/gjhdq_676201/gj_676203/fz_677316/1206_678356/1206x0_678358/。

③ 商务部国际贸易经济合作研究院、中国驻尼日利亚大使馆经济商务处、商务部对外投资和经济合作司：《对外投资合作国别（地区）指南——尼日利亚（2021 年版）》，中华人民共和国商务部网站，http://www.mofcom.gov.cn/dl/gbdqzn/upload/niriliya.pdf。

2 月 18 日正式生效。^①2002 年 4 月，中尼于阿布贾签署了《中华人民共和国政府和尼日利亚联邦共和国政府避免双重征税协定》，于 2009 年 3 月正式生效。^②2014 年 5 月 7 日，中尼两国在阿布贾签署了《中华人民共和国商务部投资促进事务局与尼日利亚投资促进委员会双向投资促进合作谅解备忘录》。^③

自中国提出"一带一路"建设以来，尼日利亚政府积极响应并表现出强烈的合作意愿。2018 年 9 月，中尼两国签署了《中华人民共和国政府与尼日利亚联邦共和国政府关于共同推进丝绸之路经济带和 21 世纪海上丝绸之路建设的谅解备忘录》，这标志着尼日利亚正式成为"一带一路"合作框架下的重要一员。^④在双方的共同努力下，中尼两国在贸易、投资、基础设施建设、教育以及科技等多个领域取得了显著的合作成果。由中国企业和尼日利亚政府共同投资建设的莱基自贸区，发展成为承接中非产能合作的重要平台。当前，两国正致力于进一步深化合作关系，并将中非合作论坛第八届部长级会议提出的"九项工程"（《中非合作 2035 年愿景》）以及尼日利亚的"九大优先领域"（工业投资优先领域）发展战略紧密对接。这一举措旨在确保"九项工程"在尼日利亚得到有效落实，从而不断提升两国人民的福祉水平，并推动双边关系向更加健康、稳定的方向发展。此外，中尼两国还签订了多项涉及贸易、经济、技术、科技合作以及投资保护等方面的协定，并共同设立了经贸联委会，为两国的经贸合作提供了坚实的制度保障。

多年来，尼日利亚稳居中国在非洲第一大工程承包市场^⑤、第一大出口市场、第二大贸易伙伴（仅次于南非）和主要投资目的地国地位^⑥。中国是尼日

---

① 商务部国际贸易经济合作研究院、中国驻尼日利亚大使馆经济商务处、商务部对外投资和经济合作司：《对外投资合作国别（地区）指南——尼日利亚（2021 年版）》，中华人民共和国商务部网站，http://www.mofcom.gov.cn/dl/gbdqzn/upload/niriliya.pdf。

② 商务部国际贸易经济合作研究院、中国驻尼日利亚大使馆经济商务处、商务部对外投资和经济合作司：《对外投资合作国别（地区）指南——尼日利亚（2021 年版）》，中华人民共和国商务部网站，http://www.mofcom.gov.cn/dl/gbdqzn/upload/niriliya.pdf。

③ 商务部国际贸易经济合作研究院、中国驻尼日利亚大使馆经济商务处、商务部对外投资和经济合作司：《对外投资合作国别（地区）指南——尼日利亚（2021 年版）》，中华人民共和国商务部网站，http://www.mofcom.gov.cn/dl/gbdqzn/upload/niriliya.pdf。

④ 《大使专访 | 尼日利亚驻华大使：加入"一带一路"倡议后的尼日利亚有哪些变化？》，中国"一带一路"网，https://baijiahao.baidu.com/s?id=1696926539131560766&wfr=spider&for=pc。

⑤ 《非洲观察 | 中国尼日利亚建交五十年合作成果丰硕前景广阔》，央广网，https://baijiahao.baidu.com/s?id=1691297167157114341&wfr=spider&for=pc。

⑥ 商务部国际贸易经济合作研究院、中国驻尼日利亚大使馆经济商务处、商务部对外投资和经济合作司：《对外投资合作国别（地区）指南——尼日利亚（2021 年版）》，中华人民共和国商务部网站，http://www.mofcom.gov.cn/dl/gbdqzn/upload/niriliya.pdf。

利亚第一大贸易伙伴、第一大进口来源国、第五大出口国。2020年，中尼双边贸易额为192.3亿美元。其中，中国对尼日利亚出口167.8亿美元，中国自尼日利亚进口24.5亿美元。[①]中方出口商品主要为机电产品和纺织服装等，进口原油和液化天然气等。据中国商务部统计，2020年中国对尼日利亚直接投资流量为3.1亿美元；截至2020年底，中国对尼日利亚的直接投资存量为23.7亿美元。[②]

中尼务实合作的成果为尼日利亚经济社会发展和投资环境改善起到了至关重要的作用，在尼日利亚得到了政府、企业，还有智库、学界的一致认可。

二、中尼两国教育合作情况

中国与尼日利亚共同签署了文化合作协定和高校合作议定书，为双方在教育领域的合作奠定了坚实的基础，并构建了合作框架和机制。2009年10月，尼日利亚成功举办了"2009中国文化聚焦非洲"活动，推动了中尼两国人文交流。2012年3月，双方签署了互设文化中心的协定；5月，尼日利亚文化中心在北京正式成立。2013年9月，中国文化中心在尼日利亚首都阿布贾设立，进一步促进了两国文化的相互理解和融合。此外，苏州大学和拉各斯大学荣幸地成为中国教育部"中非大学20+20合作计划"的合作伙伴，共同致力于推动中非高等教育的发展与合作。[③]中国致力于为非洲国家培养专业技术人才，以鲁班工坊等职业教育合作项目推动各领域的务实合作。2019年，中国非洲研究院应运而生，为中尼学术交流提供了更为广阔的平台。尼古绍研究所、中国研究中心、拉各斯大学、阿布贾大学等智库和高校的专家学者纷纷来华开展交流。在人员往来方面，尼日利亚拉各斯、卡诺和阿布贾等地约有6.5万华人，中国广州、义乌等地也有众多尼商从事经贸活动，人员交往的增多有助于加深双方的了解和友谊，推动民心相通。[④]

基于鲁班工坊等中非教育合作项目，中尼在教学标准与资源开发、师资能力

---

① 商务部国际贸易经济合作研究院、中国驻尼日利亚大使馆经济商务处、商务部对外投资和经济合作司：《对外投资合作国别（地区）指南——尼日利亚（2021年版）》，中华人民共和国商务部网站，http://www.mofcom.gov.cn/dl/gbdqzn/upload/niriliya.pdf。

② 商务部国际贸易经济合作研究院、中国驻尼日利亚大使馆经济商务处、商务部对外投资和经济合作司：《对外投资合作国别（地区）指南——尼日利亚（2021年版）》，中华人民共和国商务部网站，http://www.mofcom.gov.cn/dl/gbdqzn/upload/niriliya.pdf。

③ 《中国同尼日利亚的关系》，中国新闻网，https://www.chinanews.com.cn/gj/zlk/2014/01-16/295_2.shtml。

④ 李文刚：《中国—尼日利亚共建"一带一路"：优势、挑战及前景》，《当代世界》，2020年第6期。

提升等方面合作取得了丰硕的成果。通过中尼院校协作推进教学标准等务实合作项目，进一步完善了尼日利亚的职业教育标准体系，从而推动了职业教育、青年就业和经济社会的发展。

第三节　项目建设与发展

一、合作双方学校简介

（一）天津中德应用技术大学

天津中德应用技术大学是中国第一所公办本科层次应用技术大学，自 1985 年创立以来，始终致力于成为一流的应用技术大学建设单位。学校不仅荣获国家示范性高等职业院校的称号，更是中德、中日、中西三国在职业教育和培训领域合作的典范，被誉为引进德国"双元制"教育的先驱。天津中德应用技术大学占地面积广阔，达到 1000 亩，建筑面积高达 29.73 万平方米。学校注重实践教学，与企业共同建立了 301 个实验实训场所，实现了教学做一体化的教学模式。全校拥有的仪器设备数量超过 20000 台套，价值超过 5 亿元人民币，为学生提供了丰富的学习和实践资源。[①] 学校具备先进制造技术、自动化技术、航空航天技术与服务、交通技术与服务、软件与通信技术、新能源、经贸管理、文化创意与技术、应用语言 9 大专业领域，现有本科专业 23 个、高职专业 8 个。在校生规模达到 1.2 万人。历经近 40 年的办学实践，学校依托国际合作、校企合作、创新创业三大支柱，取得了显著成效，形成了鲜明的办学特色。

（二）天津铁道职业技术学院

天津铁道职业技术学院是一所行业特色鲜明、历史积淀深厚、国际交流广泛的全日制公办普通高等职业院校，始创于 1951 年。学院以轨道交通专业为特色，致力于培养面向生产、建设、管理和服务一线的国内外轨道交通技术技能人才。学院设有铁道工程学院、铁道运输学院、铁道电信学院、铁道动力学院、铁道建筑学院、城市轨道交通学院 6 个二级学院，涵盖了高速铁道工程技术、铁道交通运营管理、动车组检修技术、铁道通信与信息化技术、建筑工程技术、城市轨道交通车辆技术等 32 个专业。此外，学院还与天津中德应用技术大学、天津职业技术师范大学合作开设了两个本科专业。在国际合作方面，学院已先后在泰国、吉

---

① 《天津中德应用技术大学》，天津中德应用技术大学官网，https://www.tsguas.edu.cn/xxgk/xxjj.htm。

布提和尼日利亚建立了鲁班工坊，这三个项目均荣获全国首批鲁班工坊运营项目的称号，培训合作国本土员工 3600 余人次，标志着学院在国际教育领域取得了重要成果。①

（三）阿布贾大学

阿布贾大学自 1988 年 1 月 1 日创立以来，始终作为尼日利亚一流的双元制学府，融合传统教育与远程教育的精髓。该大学致力于塑造学术卓越，通过提供优质教育服务，推动学生充分就业，增进民族团结，并助力国家发展。阿布贾大学不仅专注于高水平的教学与科研工作，同时致力于公共服务和远程教育的推广，力求在保障教育公平方面发挥积极作用。已毕业学生 23526 人，截至 2023 年 12 月，全校注册学生人数超过 30000 人，其中包括本科生 30360 人、研究生 5012 人。②此外，该大学汇聚了一支包括 631 名研究型学者、668 名高级管理人员和 1063 名初级教员在内的 2362 人的教职员工队伍。阿布贾大学实行院系制度，现设有农业、艺术、工程、科学、法律、管理、兽医、教育和社会科学九大独立学科体系，以及一个下辖三个医学相关学科体系的医学院。

二、合作企业简介

（一）中国土木工程集团有限公司

中国土木工程集团有限公司（以下简称"中国土木"），作为我国最早参与国际工程承包市场的四家外经企业之一，现已成为全球 500 强企业中国铁建旗下的海外业务旗舰。中国土木 1981 年进入尼日利亚市场，在尼日利亚建设的阿卡铁路，成为海外第一条遵循中国标准建设的铁路。1996 年注册成立中土尼日利亚有限公司，成为中国铁建中国土木的全资子公司。作为西非最大的建筑承包商，该公司拥有尼日利亚市场最高级别的土建工程承包 D 级资质，其主要工程项目包括尼日利亚铁路现代化项目、阿布贾城市铁路项目、拉各斯轻轨项目和尼日利亚中非（莱卡）投资自贸区项目等。③为建设尼日利亚鲁班工坊，该公司提供 1600 平方米场地和 100 万元资金用于教学区及实训场建设，与天津铁道职业技术学院共同编写培训教材和岗位评价标准。未来将继续深化校企合作，助力尼日利亚乃至整个非

---

① 《学院简介》，天津铁道职业教育学院官网，https://www.tjtdxy.cn/xygk/xyjj.htm。
② 阿布贾大学官网，https://www.uniabuja.edu.ng/home#。
③ 《中土尼日利亚有限公司》，中国土木工程集团有限公司官网，http://ccecc.crcc.cn/art/2019/11/25/art_7873_95.html。

洲经济发展。

（二）中铁十八局集团有限公司

中铁十八局集团有限公司是世界 500 强企业中国铁建的领军企业。多年来，该集团在中国铁建内部综合业绩考核中持续保持 A 类标准。中铁十八局集团不仅荣获了全国五一劳动奖状，还荣获了鲁班奖特别荣誉企业称号。在国家级工程质量奖的评选中，该集团获得了超过 160 项殊荣，其中包括 25 项鲁班奖。[①] 中铁十八局尼日利亚公司与天津中德应用技术大学、天津铁道职业技术学院就鲁班工坊建设、设施设备维护升级、教学资源共建共享、本土化员工培训、职业技能等级认证等方面达成初步合作意向，双方将建立常态化交流机制，进一步密切校企合作。

（三）华为技术有限公司

自 1999 年起，华为在尼日利亚开展业务，经过 20 年的稳健发展，已逐渐成为当地最大的 ICT（信息和通信技术）整体解决方案提供商。华为持续运用先进的 ICT 技术，紧密连接尼日利亚，为超过 1 亿的尼日利亚人民提供稳定可靠的通信网络。为推动尼日利亚 ICT 产业的蓬勃发展，华为致力于培养本地ICT 人才，至今已在阿布贾 ICT 培训中心为超过 12000 名员工、客户、供应商及合作伙伴提供培训。[②] 公司在拉各斯（原首都）和阿布贾（现首都）设立主要办事机构（代表处），并在全国范围内设有 6 个分支机构（包括开放实验室、培训中心等）以及 15 个备件中心，总办公面积逾 20000 平方米。在尼日利亚境内，华为投资建设了包括培训中心（阿布贾）、区域网络运维中心（拉各斯）、华为展厅（拉各斯）以及本地软件研发中心（拉各斯）等多功能服务机构。截至 2023 年 12 月，公司为尼日利亚原住居民提供逾 700 个直接工作岗位以及60000 余个间接岗位，与 470 余家分包商、施工方及合作伙伴共同推动公司在当地的业务发展。此外，华为还参与尼日利亚鲁班工坊通信工程方向的专业建设，为当地人才培养贡献力量。

（四）天津启诚伟业科技有限公司

天津启诚伟业科技有限公司自 2006 年成立以来，一直致力于科、工、贸的全面发展，现已成为一家国家级高新技术企业。公司产品广泛涉及人工智能、物联网、

[①] 《企业简介》，中铁十八局集团有限公司官网，http://www.cr18g.com/col/col2037/index.html。
[②] 《华为尼日利亚创新体验中心揭幕》，华为官网，https://www.huawei.com/cn/news/2016/10/Huawei-Innovation-Experience-Center-Nigeria。

新一代信息技术等多个领域的科研、教学和竞赛设备。公司成功获得了国家级和天津市的科技型中小企业技术创新立项基金，还荣获了多项计算机软件著作权和发明专利、实用新型专利。[①] 作为天津市首批产教融合型企业，公司积极与高校和科研机构开展深度合作，推动产学研用一体化发展。同时，公司还是工信部现场工程师专培计划合作企业，并荣获天津市专精特新企业称号。公司积极参与尼日利亚鲁班工坊通信工程方向的专业建设，为推动中国技术走出国门，促进国际交流与合作作出了积极贡献。

（五）亚龙智能装备集团股份有限公司

亚龙智能装备集团股份有限公司创始于 1983 年，40 多年来，专业、专心、专注为高等院校、职业院校、技工院校、行业企业等提供电气自动化、机电一体化、工业机器人应用、教育机器人、数控机床、数控机床装调与维修、电子电工技术、物联网、电机装配与维修检测、智能楼宇、轨道交通、汽车运用与维修、新能源汽车、风能与太阳能、供配电技术、智能电网等智能装备和工业软件、智能教育装备、课程咨询服务、线上线下培训等做学教一体化人才培养整体解决方案服务。[②] 亚龙智能装备集团股份有限公司积极参与尼日利亚鲁班工坊电力系统自动化专业建设和实验室建设，助推中国教育装备、技术和标准走向非洲。

（六）西非金门集团

西非金门集团以尼日利亚金门大酒店为总部，是集餐饮、安保、旅游、装潢、建材生产、家电生产、机械加工、木器加工、国际贸易于一体的企业集团。拥有子公司和控股企业十多家，职工总数达 30000 余人，资产总额达 1 亿美元。西非金门集团的董事长是尼日利亚酋长、尼日利亚总统顾问、西非中国和平统一促进会秘书长，是非洲首位华人酋长。2019 年 12 月 9 日，天津中德应用技术大学与中科院光电研究院天津产业化基地和西非金门集团共同签署了三方协议，共建尼日利亚鲁班工坊。[③] 2020 年 1 月 15 日，天津中德应用技术大学领导赴尼期间拜访了西非金门集团，与董事长达成在尼日利亚鲁班工坊人才培养意向。2020 年 11 月，

---

① 《关于启诚》，天津启诚伟业科技有限公司官网，https://qcmcu.com/index.php?m=content&c=index&a=lists&catid=12。

② 《亚龙智能装备集团股份有限公司》，中国教育装备行业协会官网，https://www.ceeiacn/?menu=creditcontent&id=575。

③ 蔡茜：《中科院光电院天津产业化基地与西非金门集团、天津中德应用技术大学在华明高新区举行项目合作签约仪式》，共产党员网全国党建网站联盟，http://www.tjdlxf.gov.cn/hmj/jdyw/201912/t20191230_5215497.html。

在西非金门集团董事长的帮助下，尼日利亚鲁班工坊顺利实现了云启运。

三、项目建设情况

（一）发展定位与建设思路

1.项目发展定位

尼日利亚鲁班工坊是响应元首外交，教育服务"人类命运共同体"构建，服务企业发展，服务尼日利亚2014—2043铁路现代化改造等经济建设项目，服务阿布贾大学应用型本科教育、科学研究，由天津中德应用技术大学、天津铁道职业技术学院、中国土木工程集团有限公司和尼日利亚阿布贾大学等共建的一个技术技能人才培养及技术服务的驿站。

首先，通过共享中国技术、方案和标准，提高尼日利亚教师技能和教学水平，开拓师生视野，推动尼日利亚应用型本科教育发展及相关职业教育，建立更加完善的职业标准，建设更加科学的鉴定体系，快速提升尼日利亚应用型本科教育水平，提高人才职业技能和职业素养。其次，工坊培养培训了大批当地急需的人才，推动了尼日利亚的相关行业进一步发展，进而促进当地经济、社会和技术发展，产业转型升级。此外，工坊建设可以促进双方在技术技能人才培训、教育领域的深度合作，开展更大范围、更高水平、更深层次的人文交流。

2.建设思路

尼日利亚鲁班工坊旨在探索一条"标准引领、研创双驱、装备发力、校企共育"的产教融合新路径，提供一种"教随产出、校企同行、产随教兴"的境外合作办学新模式。

天津中德应用技术大学帮助阿布贾大学建设电气电子工程专业，并拓展两个专业方向（通信工程方向和电力系统自动化方向），建筑面积约800平方米。围绕该专业，现建成4个实验室，制定9门课程标准，编写9本校本教材，开展师资培训，开展留学生教育，组织学生参加各类竞赛，构建了"高本硕博"系统化人才培养体系。最终，中尼双方将工程实践创新项目（EPIP）教学模式和专业建设理念嵌入尼日利亚教育体系，构建了基础实验实训体系、拓展了应用型专业新方向、建成了技术技能培养和技术服务高地；使尼日利亚鲁班工坊具有"应用性、创新性、综合性、先进性、研究性"特色，支撑电气电子工程专业的"高本硕博"人才培养。后期，中尼双方将根据需求增加科研合作和文化交流，逐步将工坊发展成为集应用型教育、科学研究、文化传承、创新创业于一体，立足尼日利亚，服务周边其他非洲国家的多功能鲁班工坊。

天津铁道职业技术学院建设了两个中心：一是与阿布贾大学合作建设的轨道交通学历中心，建筑面积 180 平方米，建有土建综合实验室、车辆工程实验室和交通运输实验室 3 个实验室；在阿布贾大学的专业基础上采用嵌入式，增加机械工程专业（车辆工程方向、交通运输方向）和土木工程专业（铁道工程方向）。二是与中国土木尼日利亚有限公司合作建设轨道交通培训中心，坊内建筑面积1600 平方米，建设培训教学区、学员住宿区和室外实训场。其中培训教学区建设轨道运营实训室、轨道行车控制实训室和车辆模拟驾驶实训室，1 间办公室和 3 间教室；在阿布贾城轨车辆段建设了坊外实训基地，占地面积约 2.36 万平方米。

（二）重点建设内容

1. 专业建设

（1）通信工程专业

针对尼日利亚通信及物联网技术行业的调研成果，以及阿布贾大学通信工程专业的建设需求，天津中德应用技术大学组织软件与通信学院专业骨干教师，与阿布贾大学专业负责人共同探讨通信工程专业教学标准及专业课程标准。以阿布贾大学的办学学制为基准，将物联网通信技术、物联网传感器技术、物联网综合实训、嵌入式智能微型机器人和移动通信技术 5 门课程纳入人才培养方案，构建物联网技术与通信技术课程标准。依托产教融合模式，搭建通信工程专业课程体系，解决尼日利亚阿布贾大学硬件设备短缺的问题。通过实施教学活动，缓解通信工程专业人才短缺状况；将物联网技术融入专业课程，提升教学特色。同时，为区域中尼企业发展提供人力资源支撑，根据企业需求创新人才培养培训模式和条件，为企业发展提供坚实保障。

（2）电力系统自动化专业

经过深入研讨与规划，天津中德应用技术大学对尼日利亚阿布贾大学电气电子工程专业的电力系统自动化方向进行全面的专业建设。此举旨在优化尼日利亚阿布贾大学的人才培养方案，以适应尼日利亚及国际社会对电气电子工程领域人才的需求。基于天津中德应用技术大学优势专业及课程建设经验，结合尼日利亚的实际人才培养需求，学校对现有的课程体系、实践教学环节以及教学资源进行合理调整与充实，将电力系统工程、电力系统继电保护、电力系统通信及控制、先进电力系统工程 4 门课程嵌入阿布贾大学已有课程体系中；同时，编制详细的专业建设方案，并提交至尼日利亚教育部门进行审批，以确保专业建设的合规性与有效性。中尼共同建设新专业方向，为尼日利亚阿布贾大学电气电子工程专业注入新的活力，为尼日利亚电力系统自动化领域人才培养提供了精准、专业的软硬件保障。

（3）机械工程专业车辆工程

天津铁道职业技术学院与阿布贾大学工程学院开展国际合作，将机械工程专业车辆工程方向作嵌入式培养。双方共同制定了一套完善的双语专业人才培养方案，以促进两国学生在专业领域的交流与合作。

（4）机械工程专业交通运输

天津铁道职业技术学院与阿布贾大学工程学院强强联合，将机械工程专业交通运输方向嵌入工程学院相关专业并深度融合，携手制定并贯彻双语专业人才联合培养方案，共同推动双方教育事业的繁荣与发展。

（5）土木工程专业铁道工程

天津铁道职业技术学院与阿布贾大学工程学院展开深度合作，将土木工程专业铁道工程方向成功嵌入其教育体系，共同推进双语专业人才的培养，为两国铁路建设与发展提供有力的人才保障。

2. 教学标准

天津中德应用技术大学以我国通信工程专业标准，融入物联网专业核心课程体系，同时借鉴国外教学标准与特色，采用深入产教融合的方式，在"重实践强基础"模式指导下，融合应用型人才培养，依托国内"岗课赛证融合"模式，围绕通信技术融入物联网技术，推动应用型人才培养，进行通信工程专业标准的开发与建设；制定电气电子工程专业电力系统自动化方向的4门课程标准，如《电力系统工程》《电力系统继电保护》等，这些课程旨在为学生打下坚实的理论基础，并培养他们在实际工程中的应用能力。

天津铁道职业技术学院完成了《城市轨道交通车辆结构与原理》《城市轨道交通通信信号基础》《铁路路基工程》等9部教材的双语课程标准编制工作，旨在提高教材的国际化水平，满足双语教学的需求，培养具备国际视野的车辆工程人才、交通运输人才和铁道工程人才。

3. 师资培训

天津中德应用技术大学和尼日利亚阿布贾大学开展了中尼双方互相交流的师资培训项目。以尼日利亚鲁班工坊的实验室为平台，以实验室所对应的培训模块为依据进行阿布贾大学师资培训。坚持理论与实践相互融通的原则，既注重教学理论、专业理论、教学方法的传授，提升参训教师的理论水平，更加注重专业培训与提升，又穿插科技创新、企业实践，参与校企合作、国际交流合作、创新创业项目，确保培训的针对性与实效性，为尼日利亚鲁班工坊日后扩大运营规模奠定良好的基础。采用线上线下相结合的形式，完成了 4 期技术技能师资培训。其中 2 期线下、2 期线上，赴尼培训和来华培训相结合，共计 32 门课，300 课时，培训内容包括物联网通信技术、物联网传感器技术、嵌入式智能机器技术、电工电子与创新课程的教学实践与技能、空中课堂前沿技术培训等。尼日利亚阿布贾大学教师对 4 期培训形式和内容反馈良好。培训期间，尼日利亚教师勤学好问，不放过任何一个细节。通过培训，参训教师熟练掌握了实训室设备的操作与维修，具备了讲授专业基础课程和实践技能的能力。

自 2020 年起，天津铁道职业技术学院对培训资源进行了优化整合，并通过线上教学模式，面向机械工程专业车辆工程方向、机械工程专业交通运输方向和土木工程专业铁道工程方向，为阿布贾大学铁道专业师资提供了 4 轮次培训。截至 2023 年 12 月，共计涉及 11 门课程，培训 48 人次。2024 年，双方计划开展第五轮次培训，涵盖 4 门课程，共计 56 课时。

4. 教学资源

天津中德应用技术大学与华为公司深度合作，融入了尖端的中国技术，共同研发了《物联网通信技术》《物联网传感器技术》等 5 本中英文教材。这些教材全面覆盖了物联网通信技术的各个领域，为学生提供了全方位、系统的学习素材，助力他们深入理解物联网技术的原理、应用及发展趋势。同时，还打造了包括物联网短距离通信技术、物联网有线通信技术、物联网长距离通信、物联网传感器技术、物联网应用综合实训等多门课程的线上教学资源，以支持教师在平台授课及线上实验教学。同时，针对阿布贾大学工程学院的电气电子工程专业电力系统自动化方向，天津中德应用技术大学对课程体系进行了全面梳理，编写了《电力系统工程》《电力系统继电保护》等 4 门课程的课程标准和校本教材等教学资源。

天津铁道职业技术学院基于需求，组织教师团队，编写《城市轨道交通车辆结构与原理》《城市轨道交通设备系统》《铁路路基工程》等 9 本双语核心课程教材。为服务阿布贾城轨一期启动运营，校企共同完成站务员、调度员、线路工、信号工、司机 5 个工种的 32 万余字的实训手册编制与翻译工作。

5. 实训基地

结合阿布贾大学的专业发展需要，以及天津中德应用技术大学自动化、通信工程、新能源科学与工程专业实验条件建设经验和优势，尼日利亚鲁班工坊建设服务于应用型人才培养的基础性、创新性、综合性的电气电子工程专业，即建设培养能力依次递进的通信工程实验室、电工电子基础实验室、电工电子创新实验室和电力系统自动化实验室，占地约 800 平方米。同时，进行校内实验条件配套建设及研究平台建设，与阿布贾大学共同开展科学研究。天津中德应用技术大学向尼日利亚阿布贾大学捐赠电力系统自动化方向和通信工程方向实验实训设备 137 台（套）。以 EPIP 理念，选择适合阿布贾大学教学需要的实验载体，支持核心课程的教育教学，能够完成机电类工科最基础的实验。为学生提供了全方位的学习体验，使学生掌握行业前沿知识和技能，培养学生的工程创新能力和综合应用能力。

为服务企业和尼日利亚经济社会发展，天津铁道职业技术学院已与阿布贾大学共建轨道交通学历中心，设立车辆工程、交通运输及土建综合 3 个实验室，总面积为 180 平方米。同时，与中国土木尼日利亚有限公司合作建设轨道交通培训中心，设有轨道运营、轨道行车控制以及车辆模拟驾驶 3 个实训室，并规划培训教学区、学员住宿区以及室外实训场，总面积达 1600 平方米。同时，学校还在阿布贾城轨车辆段设立坊外实训基地。

（三）项目建设历程

1. 合作筹备期

2019 年 6 月，天津铁道职业技术学院赴尼日利亚开展鲁班工坊建设调研工作，并与阿布贾大学签署关于三校共建鲁班工坊的合作备忘录。2019 年 10 月，完成设备合同和中尼双方合作协议的签署，同时，天津铁道职业技术学院赴尼日利亚开展鲁班工坊建设推进工作，与中国土木在伊都培训中心建设尼日利亚鲁班工坊达成合作意向，与阿布贾大学就专业建设、师资培训等事项达成一致并签署合作备忘录。

2019 年 11 月，天津中德应用技术大学与天津铁道职业技术学院启动共同建设尼日利亚鲁班工坊。与此同时，天津中德应用技术大学、天津铁道职业技术学院与阿布贾大学三方共同签署了尼日利亚鲁班工坊建设合作协议书。

2019 年 12 月，天津中德应用技术大学完成首期技术技能师资培训，培训 4 名老师。同期，天津铁道职业技术学院与中国土木尼日利亚有限公司签署《尼日利亚鲁班工坊轨道行业技术技能人才培训中心合作协议》，服务企业和合作国，培养培训技术技能人才，实现鲁班工坊学历教育和技能培训的有机结合。2020年4月，天津铁道职业技术学院完成尼日利亚鲁班工坊建设项目申报。

2. 启动建设期

2020年11月27日，尼日利亚鲁班工坊完成项目云揭牌。尼日利亚鲁班工坊云揭牌暨启运仪式在天津中德应用技术大学和尼日利亚阿布贾大学同步举行。尼日利亚联邦共和国教育部副大臣对中非"八大行动"表示高度赞赏。他认为，尼日利亚鲁班工坊对于尼日利亚青年的技术与职业培训工作具有极大的推动作用，该行动旨在使尼日利亚青年成为最大的直接受益者，通过获得相关技术技能，为尼日利亚的国民经济注入新的活力。此外，鲁班工坊为阿布贾大学提供的先进设备，必将极大提升阿布贾大学及其大学生的技术能力，对尼日利亚经济高质量发展将产生积极的促进作用。

2021年11月底，在中铁十八局尼日利亚公司的帮助下，尼日利亚鲁班工坊完成设备云验收。

3. 运营发展期

自项目开始运营后，天津中德应用技术大学和天津铁道职业技术学院对培训资源进行了全面整合与优化。充分利用数字教育和现代信息技术，设计并实施"空中课堂"这一创新模式，学校积极与阿布贾大学相关专业师资展开了深入的交流，了解他们的需求并开展针对性培训。截至2023年12月，已顺利完成了4轮次、涵盖43门课程、总计508课时的培训活动。这些培训课程的成功举办，不仅体现了双方在专业领域的高度合作与互信，也为提升阿布贾大学相关专业师资的教学水平和专业素养，推动双方教育合作和共同发展奠定了坚实基础。

2022年8月，首届世界职业技术教育发展大会在津举办。在此期间天津中德应用技术大学又面向尼日利亚鲁班工坊师生开展"空中课堂前沿技术培训"，涵盖"人工智能和深度学习技术""'双碳'背景下应用技术研究与鲁班工坊建设""5G通信网络""智能机器人高级算法""物联网前沿技术与智慧场景实训"和"智能化自动线装备"6个主题。

2023年11月13日至20日，天津中德应用技术大学赴尼对当地15名教师和50名学生进行电力、电子、焊工和通信工程培训，以及中国红十字会《救护员》课程培训。对中国土木尼日利亚有限公司的30名员工进行钢轨焊接技术培训。

2024年5月19日至6月2日，天津铁道职业技术学院选派6名教师赴尼面向国际员工等开展站务员、调度员、司机等岗位40人进行120学时的实操技能培训。

四、建设成效与创新点

（一）建设成效

1. 加强课程体系建设，合理配置教学资源

尼日利亚鲁班工坊根据尼日利亚经济建设对人才的需求和阿布贾大学电气电子工程专业建设需要，构建了基础实验实训体系，将EPIP教学模式和专业建设理念嵌入阿布贾大学课程体系，基于阿布贾大学电气电子工程专业，天津中德应用技术大学拓展通信工程和电力系统自动化两个专业方向的培养方案并获阿布贾大学官方认可。软通学院和能源学院9位老师依托尼日利亚鲁班工坊设备与阿布贾大学教师共同创设9门课程，嵌入尼方学校电气电子专业5年级课程体系，分别为电力系统传输与控制、电力系统工程、先进电力系统工程、电力系统继电保护、微型智能机器人项目实践、物联网传感器技术、物联网通信技术、移动通信技术和物联网综合应用，配套开发9本教材，分别为《电力系统传输与控制》《电力系统工程》《先进电力系统工程》《电力系统继电保护》《微型智能机器人项目实践》《物联网传感器技术》《物联网通信技术》《移动通信技术》和《物联网综合应用综合实训》。

天津铁道职业技术学院建设机械工程专业（车辆工程方向）并编制教材3本：《城市轨道交通车辆结构与原理》《城市轨道交通车辆电气设备》和《城市轨道交通车辆构造与维护》，每本教材均开发了对应的教学标准及人才培养方案；建设机械工程专业（交通运输方向）并编制教材3本：《城市轨道交通设备系统》《城市轨道交通通信信号基础》和《城市轨道交通列车牵引与控制》，每本教材均开发了对应的教学标准及人才培养方案；建设土木工程专业（铁道工程方向）并编制教材3本：《铁路路基工程》《铁路轨道工程》和《铁路路基工程维护》，每本教材均开发了对应的教学标准及人才培养方案。

2. 实施师资培训项目，优化师资队伍素质

天津中德应用技术大学采用线上线下相结合的方式，为尼日利亚阿布贾大学的师资提供了51人次的培训，其中线上培训32人次，线下培训19人次。首次培训活动于2019年11月26日至12月5日展开，其间有4名尼日利亚教师来天津中德应用技术大学接受培训。后续在2023年11月13日至20日，天津中德应用技术大学率领团队赴尼日利亚，为当地15名教师提供了培训。

天津铁道职业技术学院整合培训资源，通过线上培训的方式，为阿布贾大学

铁道专业师资共进行了 4 轮次、11 门课程、208 课时的培训，2024 年拟进行第 5 轮次、共计 4 门课程、56 课时的培训。

3. 加强学校与企业合作，为中国企业提供优质服务

华为技术有限公司、亚龙智能装备集团股份有限公司、天津启诚伟业科技有限公司、中国土木等国内企业，以及西非金门集团等海外企业，均为工坊合作之企业。尼日利亚鲁班工坊致力于培养本科学历人才的同时，亦积极为我国海外企业提供技术技能人才培训服务。鲁班工坊曾为中国土木进行钢轨焊接技术培训，总计培训了 30 名中尼工程技术人员，成效显著，备受好评。

4. 建设实训基地，夯实硬件基础

天津中德应用技术大学基于通信工程和电力系统自动化两个专业方向，配套建设电工电子基础、电工电子创新、通信工程和电力系统自动化 4 个电气电子实验室，占地约 800 平方米，建设校内配套科研实验室项目 2 个，天津中德应用技术大学向尼日利亚阿布贾大学捐赠电力系统自动化方向和通信工程方向实验实训设备 137 台（套）。

天津铁道职业技术学院在阿布贾大学建设轨道交通学历中心，建有车辆工程、交通运输和土建综合 3 个实验室；与中国土木合作建设轨道交通培训中心，建有轨道运营、轨道行车控制和车辆模拟驾驶 3 个实训室，在阿布贾城轨车辆段建设坊外实训基地。

5. 尼日利亚积极参与，强化协同共建

阿布贾大学提供尼日利亚鲁班工坊建设所需场地、基础装修、实验实训设备所需办公家具及相关配套设施，提供尼日利亚鲁班工坊运营管理的财政资金支持，负责尼日利亚鲁班工坊实验实训设备的管理运行、维修维护、保养安全，保障尼日利亚鲁班工坊内资产的完整性和安全性。尼日利亚联邦政府和联邦教育部为工坊捐赠 4 间办公室，尼日利亚联邦教育部下属的高等教育基金将赞助阿布贾大学工程学院大楼的二期工程，此外，尼日利亚联邦教育部资助的一间阶梯教室（可容纳 250 人）也即将完工。

阿布贾大学与中方院校共同制定相关专业人才培养方案，积极办理中方院校提供物资的清关手续，并派专人实施和组织尼日利亚鲁班工坊的日常管理，共有 10 多名教师，其中包括工程师，且拥有硕士学位和企业工作经验；另外，阿布贾大学协助鲁班工坊成功获批铁道工程专业认证。

（二）创新点

1. 实施嵌入式教育，着力拓宽专业方向

将 EPIP 教学模式和专业建设理念嵌入阿布贾大学课程体系，基于阿布贾大学电气电子工程专业，拓展通信工程和电力系统自动化两个专业方向，"嵌入"建设电工电子基础实验室与电工电子创新实验室，"拓展"建设通信工程实验室和电力系统自动化实验室，开发专业必修和选修课程及实验，拓展阿布贾大学电气电子工程专业方向，丰富了阿布贾大学课程及实验体系。

2023 年 12 月，天津铁道职业技术学院与阿布贾大学共享的专业及课程标准，经尼日利亚国家大学委员会审议，同意阿布贾大学新增铁道工程专业，首批鲁班工坊学生 2023 年招收 21 人，2024 年 9 月总数预计达到 70 人左右，学生就业和实习已与中国土木和中铁十八局沟通，将择优录用。

2. 师资培训内容系统，培训方式多样

培训内容系统：一方面，内容全面，既有理论知识又有实践操作，既有专业素养又有学习方法，既有理论测试又有动手考核；另一方面，内容由浅入深，从简单技能到复杂综合技能。培训方式融合，即走出去、引进来相结合，学校、企业相结合，线上、线下相结合。

3. 学历教育与技术技能培训并重，校企合作互融共生

在培养本科学历人才的同时，通过工坊为企业培训技术技能人才，促进尼日利亚青年就业，是兼具鲁班工坊学历教育和技术技能培训的生动实践。

天津铁道职业技术学院与中国土木合作，与阿布贾大学合作建设轨道交通学历中心，与中国土木合作建设轨道交通培训中心，构建了学历中心和培训中心交融共生，中车集团、中铁十八局尼日利亚有限公司、天津骥腾科技有限公司等多点推进的新格局，形成了"大企业领航、小微企业紧追"协同发展的"一核两翼多点推进"新范式。

4. 借力中资和外资企业，拓展国际化校企合作新路径

校企深度融合，通过鲁班工坊平台服务当地技术技能人才培养，天津中德应用技术大学与尼日利亚西非金门集团、中国科学院光电研究院天津产业化基地达成合作意向，形成"研、学、产、转、用"战略同盟；服务当地经济发展，助力国际产能合作，丰富和拓展中尼人文交流的内涵和领域。

五、未来规划

（一）优化教学资源，夯实专业建设

深入推进通信工程、电力系统自动化、铁道工程、车辆工程以及交通运输这五大专业领域的课程建设与教育教学工作，完善人才培养方案、专业教学标准及专业课程标准，精心构建课程体系，出版优质教材。同时，积极将先进技术融入专业课程，以彰显教学特色，提升教育质量。提供符合国际标准的专业认证，并完成专业属地化认证工作，以助力尼日利亚的经济发展以及通信、电力、轨道交通等基础设施的建设。通过专业建设，不断提升学生就业竞争力，并为企业创造人才培养的必要条件，为企业发展提供坚实的人才保障。

（二）助力人才培养，深化人文交流

充分利用工坊设施，开展学历教育与职业培训，扩大受众群体，不断提升教学过程质量和结果质量，促进学生就业和职业可持续发展。与阿布贾大学共同开展科研合作，联合培养研究生，探索"高本硕博"一体化人才培养模式。与阿布贾大学达成留学生招生协议，共同开展1+2+2本科留学生项目，以阿布贾大学大学生为招生对象，旨在培养高端留学生，同时积极申请国家资金扶持。

（三）加强校企合作，拓宽产教融合

校企深度融合，与华为技术有限公司等国内企业，以及尼日利亚西非金门集团等海外企业，形成"产、学、研、用"系统合作，助力国际产能合作，丰富和拓展中尼人文交流的内涵和领域。积极联系企业，申请尼方和国际合作项目资金，寻求在焊接和智能制造等实验室建设方面的合作。与中国土木合作，根据其承建和运营的阿布贾城轨及阿卡铁路等轨道交通本土化人才需求，在尼日利亚鲁班工坊轨道交通培训中心基础上，完善实训设备设施，开发教学资源，为阿布贾城轨的开通保驾护航，实现阿布贾城轨技术技能人才的本土化，更好地服务国际产能合作。

（四）推动产教融合科教融汇国际化发展

尼日利亚农村电气化局为阿布贾大学赞助的太阳能－柴油混合发电厂即将竣工，将为鲁班工坊提供不间断的电力供应。鉴于尼方电力不足和能源绿色化发展的契机，积极发挥中方院校的智力资源并联系中资企业，将新能源等专业领域科技成果向尼方转化并带动新专业建设，促进科教融合国际化发展。中尼双方积极与莱卡中尼自贸区和阿布贾周边的中资企业和尼方企业联系，为企业做好人力资

源培训、供给和技术服务的同时，寻求企业对鲁班工坊的建设支持，不断推动产教融合国际化发展。例如，中方院校正在与中国土木合作，规划尼日利亚鲁班工坊轨道交通培训中心扩建方案，使其成为覆盖尼日利亚、辐射西非的技术技能人才培训基地。

（五）推动资源共建共享，打造全球化品牌

项目充分利用鲁班工坊现有设备，开展教学培训和技术服务等活动，并做好设备维护。同时，根据阿布贾大学建设焊接和先进制造等实验室的需要，带动尼方投资购买设备等硬件，中方学校调动各方资源提供技术和师资支持，输出中国教育和培训标准。项目不断跟进新技术发展，积极拥抱人工智能（AI）和数字技术，与尼方教师、中尼企业技术人员共同开发线上课程教学资源库，通过"空中课堂"和线上活动开展专业技术培训和中尼文化交流；线下与尼方及相关企业共商培训项目，请尼方老师或尼方企业员工来中国接受专业培训和教学法培训。通过资源不断整合，线上线下举办阿布贾大学文化交流活动、合作企业开放日及鲁班工坊开放日等活动，逐步将尼日利亚鲁班工坊打造成具有国际影响力的全球化品牌。

第三章 / 科特迪瓦鲁班工坊建设与发展报告

　　科特迪瓦鲁班工坊是天津市第一所由普通高校承办建设的鲁班工坊，坐落于科特迪瓦首都亚穆苏克罗市的科特迪瓦亚穆苏克罗国立理工大学校园内，由天津理工大学与科特迪瓦亚穆苏克罗国立理工大学合作共建，重点建设了机械工程和电气工程及自动化两个专业。科特迪瓦鲁班工坊以鲁班工坊品牌为依托，着眼于中国制造技术服务科特迪瓦乃至周边国家，致力于培养当地工业制造领域技术创新人才，为促进中国与科特迪瓦两国人文交往、多元合作提供了更加广阔的平台。

第一节　科特迪瓦的社会经济与教育情况概述

一、社会经济情况概述

　　科特迪瓦位于西非几内亚湾沿岸，因历史上曾是非洲最大的象牙贸易集散地，故得名"象牙海岸"（即"科特迪瓦"法文含义）。西与利比里亚、几内亚交界，北与马里、布基纳法索为邻，东与加纳相连，地理位置十分优越。其经济首都阿比让（Abidjan）拥有西非最大港口，系非洲西海岸的海运要道，辐射布基纳法索、马里、尼日尔等周边内陆国家；同时因基础设施良好，阿比让也是整个西非的贸易中心、金融中心和航空枢纽城市，非洲开发银行的总部便设在这里。科特迪瓦土地肥沃，物产丰富，是西非地区重要农业国，可可、腰果产量位居世界第一，同时也盛产咖啡、油棕、橡胶等经济作物。科特迪瓦历史上发生过多次动乱和内战，但自 2011 年内战结束以来，政局一直保持总体平稳的状态。近年执政党统一党完成与反对党间的多轮政治对话，民族和解进程取得长足进展，科特迪瓦迈入政局平稳、经济稳定发展时期。

　　2012—2019 年科特迪瓦国内生产总值增速保持年均 8% 的水平，经济发展势头强劲，创造了近十年的增长奇迹。2020年，科特迪瓦政府积极落实扶持产业、恢复经济的相关政策，据国际货币基金组织统计，国内生产总值增长率为2.3%，是非洲为数不多保持正增长的国家。科特迪瓦财政部数据显示，2021年经济增长率达到7.4%，国内生产总值规模重返非洲前十大经济体行列。2022年受国际局势影响，科特迪瓦经济上行趋势受阻，但《2021—2025年国家发展规划》为经济逆势前行注入活力，国内生产总值增速达到6.8%，经济总量超过700亿美元。据国际货币基金组织发布的《撒哈拉以南非洲地区经济展望报告》，2023年科特迪瓦国内生产总值增速为6.2%，位列区域增长预测第三，经济总量将达到770亿美元，人均国内生产总值为2506美元，位居非洲第十八，即将超过加纳成为西共体第二大经济体。

二、教育情况概述

科特迪瓦的教育体系由殖民时期沿袭而来，学制基本与法国教育体系保持一致，该国长期将教育作为国家发展的根基，坚持教育优先发展战略，由中央政府统一管理，下设国民教育部、职业培训和技术教育部、高等教育与研究部，其每年教育、培训预算投入约占国内生产总值的4.37%。科特迪瓦国家教育和培训制度分为正式教育制度和非正式教育制度，正式教育体制即现代教育和传统教育两种形式，包括学前教育、初等教育、中等教育和高等教育以及职业技术教育；非正式教育包括扫盲教育等。

科特迪瓦高等教育体系包括公立高等教育和私立高等教育，其中科特迪瓦公立学校处于高等教育主导地位，为了促进公立高等教育与私立高等教育的共同发展，科特迪瓦政府鼓励公立高校和私立高校在师资、设备、图书资料和信息等方面合作与共享。

科特迪瓦职业培训和技术教育主要在中等教育阶段，高级工人可以获得高级技术证书资格（BTS）。科特迪瓦一直在推动职业教育的变革和发展，在全球化和知识经济时代的影响下，该国职业教育逐渐迈向国际化，教学语言从单一语言制向多语言制发展，同时学习西欧的教育体制模式，加强职业教育的国际合作与交流。

第二节　中国与科特迪瓦两国经济教育合作情况

一、中国与科特迪瓦两国经济合作情况

科特迪瓦是西非地区大国，是撒哈拉以南非洲法语国家第一大经济体。中国与科特迪瓦于1983年3月2日正式建交。40多年来，两国关系始终健康稳定发展，特别是近十年来，两国政治友好不断加深，多领域交流合作不断密切，中国与科特迪瓦（以下简称"中科"）关系快速发展，各领域合作在共建"一带一路"框架内结出累累硕果，经贸互利合作不断扩大，签署了农业、贸易、科学技术、高等教育、文化等合作协定，以及政府贴息优惠贷款框架协议、中科林业合作谅解备忘录等。[①]

2000年，中科签署《中科第一届经贸混委会会谈纪要》。2002年9月，中国与科特迪瓦签署了《中华人民共和国政府和科特迪瓦共和国政府有关鼓励促进和保护投资协定》[②]，2018年9月，中国与科特迪瓦签署"一带一路"合作备忘录以及产能合作协议。近年来，中国已成为科特迪瓦第一大贸易伙伴。2022年双边贸易额达44.24亿美元，创历史新高。在务实合作领域，中国对科特迪瓦政府援助、优惠贷款、商业贷款、直接投资齐头并进。

多年来，中资企业在科特迪瓦各领域深耕市场，积累丰富经验并打下坚实基础，承建一批改善科特迪瓦国计民生的重要项目：承建了该国最大规模的水电站——苏布雷电站，参与了西非最大港口阿比让港的改造工程，建成了该国最大的6万人座体育场，建成了该国最长的斜拉索桥，在实施的有最大规模和范围的国家电网改造工程、该国12座城市的供水工程等。2023年11月，在科特迪瓦与中国建交40周年庆典上，亚欧非贸促会、亚欧非供应链与科特迪瓦出口署分别签署了备忘录，表达了三方在进出口贸易合作、项目推进、联合品推等多项条款上的合作意向。根据备忘录的内容，亚欧非贸促会、亚欧非供应链与科特迪瓦出口署将在可可、腰果、木薯、棕榈油、橡胶等进口业务上开展深度合作。作为科特迪瓦的重要出口产品，它们在中国拥有巨大潜在市场。通过双方的合作，能够更好地满足中国市场的需求，促进科特迪瓦的出口业务发展。

[①] 湖北省人民政府：《走进非洲》，《"西非明珠"科特迪瓦》，2019年6月1日。

[②] 中华人民共和国商务部"双边投资保护协定"：非洲部分——《中华人民共和国政府和科特迪瓦共和国政府关于鼓励促进和保护投资协定》，2004年5月11日。

二、中科两国教育合作情况

中科两国教育合作近年来取得了积极进展，这些成果体现了中科两国人民相互钦慕、学习借鉴彼此文化、加强交流的积极意愿，天津理工大学也参与其中。科特迪瓦亚穆苏克罗国立理工大学是科特迪瓦国家公立高校当中教育资源和国际影响力均享有盛名的高校之一，在科特迪瓦国家高等教育部和科特迪瓦中资企业商会的推荐和运作下，两校协商后达成共识，为进一步推动中科两国教育合作，在科特迪瓦亚穆苏克罗国立理工大学校内设立鲁班工坊，为加强两国职业技术培训方面发挥重要作用。双方将致力于通过鲁班工坊的建设，积极搭建中科两国教育交流的平台，在职业技能培训等方面加强两国教育合作，密切两国文化交流，不断夯实两国友好的民意基础。

可以说，鲁班工坊的建设是基于中科两国良好合作基础之上，两国职业教育的新的里程碑，也是两国响应"一带一路"建设、共建职业教育共同体的又一生动实践，用实际行动为中科友好合作增添新的内涵。

第三节　项目建设与发展

一、双方合作学校

科特迪瓦鲁班工坊由天津理工大学与科特迪瓦亚穆苏克罗国立理工大学（以下简称"亚理工"）合作共建，共同探索符合科特迪瓦工业化布局的人才培养体系，工坊建设了机械和自动化两个实训基地，配置了教学性机电设备和生产性加工中心，设置了定制化的实训类课程、硕士研究生交流交换项目。此外，还设立了联合学术研究平台等，全方位、立体式地从整体上助推了科特迪瓦乃至周边国家的工业技术学科建设和产业结构升级，为实现工业化发展打下了坚实基础。

（一）天津理工大学

天津理工大学是一所以工为主、工理结合、工理管文艺等学科协调发展的多科性大学，现有 68 个本科专业、4 个博士学位授权一级学科点（材料科学与工程、计算机科学与技术、管理科学与工程、电气工程）、22 个硕士学位授权一级学科点和 13 个硕士专业学位授权点、4 个一级学科博士后科研流动站（材料科学与工程、计算机科学与技术、管理科学与工程、电气工程）。化学学科、材料科学学科、工程学科、计算机科学学科进入"ESI 全球排名前 1%"，材料科学与工程、计算机科学与技术、管理科学与工程 3 个学科入围天津市一流学科；建有网络安全与数据智能等 9 个天津市高校服务产业特色学科群；建有机器视觉与智能运算等 11 个天津市特色学科（群）；学校大力实施国际化战略，已与 36 个国家和地区的 136 所高校和科研机构建立了友好关系，与加拿大、日本等国家大学开展了本科和研究生层次的合作办学；"新能源材料"创新引智基地入选教育部、国家外专"111 计划"；学校获批中国政府奖学金来华留学生院校，学校师生与国际著名研究机构广泛开展交流合作，共同承担国际重点合作项目，在 *Science* 等国际著名期刊上合作发表学术论文。

（二）科特迪瓦亚穆苏克罗国立理工大学

科特迪瓦亚穆苏克罗国立理工大学，素有"科特迪瓦清华大学"的美誉，位于科特迪瓦的政治首都亚穆苏克罗市，该地区社会安定，基础设施完善，和平发展深入人心，并因此成为国家技术创新和发展基地。科特迪瓦亚穆苏克罗国立理工大学，即亚理工大学作为本土最优秀的工科院校，承载着科特迪瓦国家技术创新和引领经济发展的使命。该地区属农业发展区，经济总量落后，农产品加工工业化已纳入国家发展战略，设施农业自动化是未来该地区发展的目标，对高素质机械加工技术和电气控制自动化方面应用型人才的需求日益增加。

此外，亚理工是科特迪瓦 2025 计划中的亚穆苏克罗技术中心定位的核心，该校协同企业和相关机构推动科特迪瓦的教学、科研，促进国家经济发展，打造科研和技术创新型的发展模式，以期实现加强技术创新项目的能力建设，促进技术创新、提高技术创新项目的附加值，推动国计民生领域和符合国际发展方向的科研。目前该校毕业生处于供不应求状态，当地企业对该校毕业生的需求非常迫切。

二、合作企业简介

科特迪瓦中资企业商会是在中国驻科特迪瓦使馆经商处指导下，由在科特迪瓦从事合法经贸活动的中资企业于 2007 年 10 月对内发起成立的自律、非营利的民间组织。2017 年 5 月 4 日，商会完成在科特迪瓦的正式注册手续。2017 年 7 月 25 日，商会揭牌仪式在科特迪瓦经济首都阿比让索菲特酒店举行。商会于 2018 年 7 月完成换届选举，现有 47 家会员企业，会员大会是其最高权力机构，理事会是会员大会的执行机构，共有 16 家理事企业。下设组织机构有：秘书处办公室、法律维权部、文化体育部、投资促进部、宣传信息部。目前的会长单位是中国路桥工程有限责任公司。2019 年 8 月，在时任驻科特迪瓦大使的建议下，天津理工大学代表在中资企业商会的会议上介绍了鲁班工坊，提出了寻求合作伙伴的建议。参加会议的企业均表示支持鲁班工坊建设，需要的时候会尽其所能，鉴于鲁班工坊机电专业与在科特迪瓦中资企业工程基础设施建设领域的方向不符，暂没有企业直接参与合作。

三、项目建设情况

（一）发展定位与建设思路

1. 发展定位

科特迪瓦鲁班工坊是天津市深度融入"一带一路"建设，高水平完成上级部署的"非洲 10 个鲁班工坊建设任务"之一的项目，在向科特迪瓦乃至西非周边国家青年提供高端制造装备职业技术培训的同时，天津理工大学紧密结合外方合作学校的学科建设，瞄准服务所在国家的农、矿产品加工为特点的工业化发展战略，进而孵化周边国家发展的内生动力。

鲁班工坊自创建开始，始终秉承分享中国产业发展和职业教育发展成果的宗旨，与科特迪瓦共同培养高素质技术技能人才，致力于成为服务国家"一带一路"建设的中外人文交流的重要载体、助力国际产能合作的技术驿站。鲁班工坊建设的举措契合了西非国家工业化发展的市场需求，有力夯实了中科两国合作的基础。

2. 建设思路

科特迪瓦鲁班工坊专业设置契合科特迪瓦经济社会发展战略，充分利用天津理工大学在科特迪瓦具有合作基础的优势，积极寻找合作伙伴，探索建立科特迪瓦鲁班工坊的可行性，最终确定由天津理工大学与亚理工合作，共同筹建科特迪瓦鲁班工坊。

工坊建设从设备选型、教材开发和技术技能培训等诸方面契合科特迪瓦国家工业化发展战略，结合亚理工精英学校性质及毕业生供不应求的特点，通过职业技术实训大力推广中国技术标准，着力开展工程技术教育，为科特迪瓦培养熟悉信息技术标准、产品的本土化技术技能人才，切实解决科特迪瓦国家发展中的实际问题。[①] 同时使鲁班工坊成为内容丰富、特色鲜明、效果显著、辐射明显的创新人才培养基地。

---

① 刘云生：《亲历科特迪瓦鲁班工坊建设》，《世界知识》，2023 年 7 月 1 日。

（二）重点建设内容

1. 总体建设

科特迪瓦鲁班工坊作为天津市首个由市属普通高校参建的鲁班工坊，于 2020 年 12 月 9 日揭牌运营，总占地面积约为 805 平方米，重点建设机械工程和电气工程及其自动化 2 个专业，设立先进制造技术和电气工程自动化 2 个实验中心，涵盖 1 个大型实训车间和 6 个实验（学习）室，拥有大型设备 5 个种类 11 台套、中小型仪器设备 16 个种类 87 台套，以及实验台、大屏幕等较为先进的辅助教学装备及设施。

2. 合作专业

已建成机械工程和电气工程 2 个专业。项目建设采用嵌入式将开发的核心课程融入亚理工工程学院专业教育体系，设计了 4 个学期的从基础性实验到综合性实训的递进式专业实践教学体系。

开发专业核心课程。一是开发了核心理论课程，包括："现代控制理论基础""现代电气及 PLC 控制技术"；二是开发了核心实践课程，包括："机械工程实验""机电工程实验"，并配套双语教材。

开发通用性实验课程，包括："模拟电路及数字电路技术""农业灌溉数控技术""电子信号技术""信号处理技术"。这类课程是培养具备智能制造装备和智能产品设计制造、工程开发、科学研究与生产管理等方面的能力和素质的核心基础课程，是为促进多学科相互融合，结合鲁班工坊教学装备设计的、可适用于各类专业学生选修的基础性实验课程。

专业建设的特色在于，是以中方合作院校现有特色和重点学科专业方向，以及亚理工优势专业发展需求为基础，契合科特迪瓦"2030 年成为非洲制造业强国"的产业发展目标和"着重于轻工制造业"的经济产业发展需求。

3. 师资队伍建设

自 2020 年工坊正式揭牌启用至 2023 年 12 月，天津理工大学共对科特迪瓦鲁班工坊教师进行了 6 期师资培训，鲁班工坊自主培养了来自亚理工工业工程与技术学院（STGI）、信息与通信科学与技术学院（STIC）双师型师资 10 人次，共计约 728 课时。其中，包括 4 期在津举办的以专业课程及设备维护为主的师资培训，1 期赴设备工厂以设备调试安装为主的师资培训，1 期赴科特迪瓦进行的现场短期培训。后续，两校将继续加强合作，邀请外方专业教师到天津理工大学进行师资培训。

2023 年 5 月，天津理工大学技术团组访问了科特迪瓦鲁班工坊，圆满完成了相关设备调试和师资培训任务。中方团队在工作交往中坦诚付出，科特迪瓦团队展现出 Akwaba（意为热情好客的民族精神）的传统待客之道，化解了技术争议，增进了彼此文化认同。外方校领导向中方团队颁发了工坊设备调试和师资培训的验收证书，对中方技术团队给予了高度评价。

4. 专业标准与教学资源

结合科特迪瓦鲁班工坊专业课程设置及亚理工学校的人才培养目标，工坊开设的专业深刻融入亚理工教学体制，实行学分嵌入制，有序开展工程技术教育，天津理工大学组织专业团队，为工坊培训编纂、编写完成了包括《机械工程实验指导书》和《机电综合实验指导书》2 部汉英双语的实训教材，以及《现代控制理论基础》和《现代电器及 PLC 控制技术》2 部专业教材。此外，还开发了专门用于工坊培训课程的实验报告手册共 4 本。

（三）建设推进历程

1. 合作筹备期

2019 年 7 月，天津理工大学对接科亚理工，共同承接科特迪瓦鲁班工坊项目建设任务。天津理工大学代表团于 9 月考察外方学校，两校签署友好协议，并确立在亚理工建立鲁班工坊。中科两校就鲁班工坊项目建设筹备工作进行了多轮洽谈，天津理工大学与科特迪瓦代表团就在科特迪瓦共建鲁班工坊事宜达成多项共识，涉及鲁班工坊建设内容、功能定位、场地、双方职责与义务、设备及运输、组织机构、建设时间以及合作备忘录内容等；11 月，科特迪瓦亚穆苏克罗国立理工大学副校长率团访问天津理工大学，双方就共建鲁班工坊的具体规划达成一致，访问期间，代表团一行参观了学校工程训练中心，详细了解实训设备及实训课程开展情况，观摩了大学生的实训课程。此外，天津理工大学校方与代表团共同探讨及磋商了鲁班工坊配套设施、双方职责、项目组成员、师资培训、日常管理、设备购置、建设时间表等方面的议题，并进行了详细磋商，最终确定鲁班工坊建设的具体方案。

2. 启动建设期

2019 年 12 月，天津理工大学派出专家团队赴科特迪瓦确定工坊设备及场地改造方案，两校共同签署合作建设鲁班工坊谅解备忘录。2020 年 3 月，科特迪瓦鲁班工坊改造装修设计图纸、工坊项目教学设备及办公家具采购等工作先后完成。

2020 年 4 月，科特迪瓦根据中方场地装修要求制定施工方案，实施场地改造和装修。2020 年 5 月起，鲁班工坊专家培训团队开展鲁班工坊本土教师培训（中方通过在线培训的方式，面向亚理工教师开展了 4 期在线培训，共计培训工坊教师 40 人次，培训总时长约达 260 小时，其中包括以专业课程及设备维护为主的在线培训和设备调试安装为主的现场培训）。2020 年 8 月，鲁班工坊设备完成清关，运至合作学校，中方技术教师团队协助设备安装、调试运行。

2020 年 12 月 9 日下午，科特迪瓦鲁班工坊"云揭牌"启运仪式在天津理工大学和亚理工同步举行，两国合作院校师生代表、两国各界代表 100 余人通过互联网共同见证科特迪瓦鲁班工坊揭牌启动运营。在仪式上，科特迪瓦亚穆苏克罗国立理工大学校长表示，感谢中国政府提出设立鲁班工坊的建议，在全球公共卫生危机的情况下，天津理工大学实现了对亚理工的全部承诺，彰显了中国援助非洲发展的决心。感谢他们对科特迪瓦教育和技术的支持，助力亚理工进一步增强制造技术教学实训能力，增强学生科学技术能力，培养学生创新精神，为科特迪瓦乃至非洲的工业发展贡献力量。

在筹建过程中，双方工作团队面临严峻挑战。面对风险，双方工作团队携手攻坚克难，通过无数次的线上沟通和实地考察，双方学校联合设备加工制造企业组建专家团队，为鲁班工坊选型配备了世界先进、行业领先、兼顾实际和训练等标准的教学装备，并对科特迪瓦骨干教师实施师资标准化进阶培训，开发国际化专业教学标准、双语教材［结合工坊专业课程的设置及亚理工人才培养目标，为工坊编纂了 4 本英文讲义（包含公开出版了 2 本中英文国际化双语教材）、实验报告手册 4 本］、课程教学方案以及配套的专业培训视频资料，最终，圆满完成了设备招标采购、验收运输清关、课程标准制定、线上师资培训、设备云安装、设备最终调试成功等工作任务，增强了双方互信，增进了友谊。

3. 运营发展期

2022 年 8 月，在世界职业教育发展大会主论坛上，科特迪瓦鲁班工坊展区集中展示了中科两校在高端装备及制造技术技能人才培养领域的成果，科特迪瓦职教部部长（原亚理工校长）通过线上发言，称赞天津理工大学建设的科特迪瓦鲁班工坊作为一个卓越技术中心为当地提供高端技术技能培训，帮助当地大学生满足全球新兴市场的技能要求，作出突出贡献，同时盛赞了鲁班工坊的示范和引领作用，还带动了科特迪瓦全国职业技术教育学校的发展壮大。据悉，在其担任职教部部长后，借助共建鲁班工坊的经验和认知，在科特迪瓦全国范围内新建了 7

所职业技术学校，新增职业技术培训能力占全国总量的 14%。

2023 年 4 月底至 5 月初，天津理工大学选派 9 人技术团队赴工坊实地进行合作任务工作，包括设备调试、安装及试运行，以及与外方教师交流、培训等，其间学校定期与派驻工作组召开视频会议，具体探讨落实细化工作安排，按照时间节点全力推进，实现了较早派出，较早支援，解决了当地因师资匮乏造成的设备组装和调试困难，且所有设备一次调试成功，亚理工校方当即颁发了工坊设备运行达标验收证书，并对助力科特迪瓦职业技术教育发展的中方合作院校给予高度赞扬。其间，除完成外方教师的线下培训之外，还对接外方学校同时启动了联合研究生培养和共建国际合作实验室项目事宜，为双方教育领域合作注入新动力。随后，学校技术团组全部成员应邀赴科特迪瓦国家职业技术教育部和中国驻科特迪瓦大使馆，就鲁班工坊建设进行交流。

2023 年 8 月，中国教育国际交流协会代表团由协会副秘书长带队访问了科特迪瓦亚穆苏克罗国立理工大学鲁班工坊。科特迪瓦国家职业教育部部长和科特迪瓦亚穆苏克罗国立理工大学校长分别介绍了鲁班工坊建设运营情况和未来非洲计划下一步合作意向，双方认同师资能力提升与教师交流是提升鲁班工坊建设和未来非洲计划实施质量的关键，期待现有项目成为中科职业教育合作示范。

另据科特迪瓦亚穆苏克罗国立理工大学校长介绍，该校打算在鲁班工坊现有工程师培训的基础上增设职业技术专业，培养更多包括技术工人在内的技术人员，为国家建设和产业发展培养多层次人才，继续深化中科双方高校教师和科研人员进行自主技术创新的基础。

四、建设成效与创新点

（一）建设成效

1. 助力提升科特迪瓦高职教育短板

在非洲国家的工业化进程中，科特迪瓦自主发展能力不断增强，产业结构转型和工业园区建设方兴未艾。作为首个参加鲁班工坊建设的普通高校，天津理工大学与享誉西非地区的合作校亚理工携手锚定提升科特迪瓦青年的教育与就业为目标，致力于中科两国教育协同的国际化责任与担当，工坊建设定位从整体布局上迎合了科特迪瓦工业制造行业自主发展的要求，也调动了合作学校的积极性和主动性，共同探索出符合科特迪瓦工业化布局的人才培养体系的培训路径。

在积极培养工业化进程需要的高端工程师人才和低端技术劳动力的同时，鲁班工坊加强与当地企业界的合作，不断向社会扩散产学研创新成果，以助推科特迪瓦所在国国家产业结构的调整，孵化科特迪瓦所在国国家工业体系自主发展的动力。鲁班工坊为校校合作、校企合作和中非务实合作搭建了一个大平台，天津理工大学一直致力于在这个平台上继续添砖加瓦，在签署两校《研究生互换交流协议》之外，双方还表达了在计算机领域的智能农业科研课题合作意向。

2. 项目运作模式

科特迪瓦鲁班工坊选定亚理工为共建鲁班工坊的合作伙伴，充分发挥了两校的特色及优势，结合科特迪瓦该国农作物的生产加工实际需求，工坊设备主要涉及电工操作平台、智能灌溉等教学实训设备，以及加工中心、数控机床等生产性设备，这些生产性设备用于生产磨具，为当地腰果、花生、咖啡、可可提供剥壳工具，直接服务于当地的重要加工产业。这样，鲁班工坊在嵌入高等教育工程实训课程的基础上，为下游企业的生产技术创新提供了技术保障和有效的职业技术培训服务，带动了当地企业技术进步和产业转型升级。

3. 培养急需人才和优质师资

结合亚理工精英学校性质及毕业生供不应求的特点，工坊从设备选型、教材开发和技术、技能培训等诸方面契合科特迪瓦国家工业化发展战略，通过专业基础到综合的递进式技术技能训练，使学生具备高技能素养和技术创新能力，使得科特迪瓦鲁班工坊成为内容丰富、特色鲜明、效果显著、辐射明显的制造技术创新人才培养基地。

在培养人才方面，天津理工大学通过贯穿始终的专业基础性到综合性的递进式技术技能训练，不仅"授人以鱼"，更"授人以渔"。在加强工坊建设方面，其一，充分发挥学校在机械工程与电气自动化专业方面的优势，因地制宜通过产教融合、校企合作的方式，培养符合科特迪瓦社会发展需求的劳动力；其二，将鲁班工坊建设定位于当地经济产业发展的人才需求，输出学校优质的职业教育资源和教学模式以及企业产能和服务，实践能力和创新能力的本土化技术技能人才。自2023年5月设备完全调试完善并开始使用，项目充分发挥天津理工大学在机械工程、电气工程及自动化专业方面的学科优势，在鲁班工坊实施覆盖应用本科、硕士及博士三个层次的学历教育与职业培训，将核心课程嵌入亚理工工程师学院本科三、四年级和研究生二、三年级的教育教学，为学生、教师和企业员工提供从基础到综合的递进式课程，自主培养了来自亚理工工业工程与技术学院（STGI）、信息与通信科学与技术学院（STIC）双师型师资超过 15 人，721 名本硕博学生选修了鲁班工坊嵌入的学分课程，在鲁班工坊完成了工程实训。

（二）创新点

1. 面向整个西非诸国培养高素质技术技能人才

着眼于中国制造技术服务科特迪瓦乃至西非国家技术创新型工程师的培养，为科特迪瓦乃至西非青年提供高端技术和技能培训，力求通过提供高端技术技能培训，成为科特迪瓦培养机械与自动化领域工程师的摇篮。

鲁班工坊深刻融入亚理工的教学体制，纳入了精英教育体制，实行学分制，有序开展工程技术教育。特色一：采取学历教育与职业培训相结合的方式，通过将专业培训内容嵌入到合作院校相关专业的人才培养体系中，为学生提供专业基础到综合的递进式技术技能训练，使学生具备高技能素养和技术创新能力。特色二：采取与当地制造相关企业产教融合的模式，直接服务国家工业化进程，稳定和做实了学员来源和就业。在运作方式上，提前考虑和设计招生、培训、就业的一条龙服务，为自主落实按计划招生和全员就业打造了有利条件，占领了人才培养和人才就业的新高地，教育教学成效稳定、卓著，学生就业后即可融入社会经济发展的重要部门。

此外，天津理工大学教师、企业工程师和亚理工技术人员还以设备为纽带，以线上培训的方式对鲁班工坊设备进行了反复的教学及指导，通过鲁班工坊建设带动两校师生交流，实现学分互认，使更多非洲优秀学生来天津理工大学修读学分课程，实现研究生联合培养。双方承诺建立长期合作机制，定期开展各种形式的交流活动。由于科特迪瓦鲁班工坊自建立之日便已纳入亚理工精英教育体制，统一颁发本硕博文凭和工程师证书，实施双证书教育，实训中心实施生产性教学。鲁班工坊中的生产性设备已被学院用于生产农作物加工磨具，产品出售获利用于反哺鲁班工坊建设。

2. 面向西非国家培养高水平职教师资

科特迪瓦鲁班工坊着力开展契合科特迪瓦国家发展当中期许行业的工程技术教育，建设两校学历教育培养体系示范样板，实现国际化育人最大可能。首先，双方基于合作框架，将鲁班工坊的实验内容嵌入相关专业的人才培养体系，着力开展高端智能制造工程技术教育；其次，双方还制定了面向西非职业技术院校教师开展高端制造领域职业技术培训和技能人才培养工作的规划，以期构建西非国家职业技术教育资源共享网络，努力建设西部非洲职业教育师资培训基地。

鲁班工坊遵循"本土师资培养先行"核心要义，发挥学校师资培养的共同优势，将本土师资能力建设作为运营发展的重要内容加以实施。自鲁班工坊项目建设启动以来，科特迪瓦鲁班工坊服务科特迪瓦本科、研究生学历教育，并先后开展多轮线上及线下鲁班工坊标准化进阶式骨干教师培训。其间，中方共编制4套中英文互译的教材和4本专业培训讲义，按标准化进阶式培训模块纳入培养过程中，为鲁班工坊培养骨干教师，这些教师在鲁班工坊教学环境中快速成长，已经能够很好掌握鲁班工坊设备并给学生进行授课。此外，双方学校还通过拓展合作，开展硕士研究生联合培养计划，签订了《天津理工大学与科特迪瓦亚穆苏克罗国立理工大学关于硕士研究生联合培养的谅解备忘录》，首批2名鲁班工坊留学生到天津理工大学进行为期1年的硕士交换生，未来回国做鲁班工坊"双师型"师资。

目前，鲁班工坊在当地的教学已经步入"自生式"可持续发展模式，培训基本由当地教师承担，中方教师主要对外方的专业和授课进行指导。

五、未来规划

（一）为打造国家创新产业园区作出贡献

科特迪瓦鲁班工坊搭建了中科合作的重要平台，开拓了未来经济、技术和产业发展的广阔空间。亚理工校长在鲁班工坊建立的基础上提出了帮助其培养手机组装和电动汽车组装专业人才的合作建议，这将是鲁班工坊培训出的技术人才进一步融入在科中资企业的渠道，将鲁班工坊作为国家工业制造行业产业链上的重要人才孵化器，同时也提高了鲁班工坊人才输出的产品附加值。

鲁班工坊从整体布局上迎合了科特迪瓦的自主发展要求，充分调动了合作校的积极性和主动性，为打造中科教育合作的平台提供了不竭动力。据科特迪瓦亚穆苏克罗国立理工大学校长介绍，该校打算在鲁班工坊现有工程师培训的基础上增设职业技术专业，培养更多包括技术工人在内的技术人员，为国家建设和产业发展培养多层次人才。

（二）开展校企（行业）产教融合发展

科特迪瓦鲁班工坊以促进科特迪瓦及非洲发展的内生动力为目标，选择中外高校合作共建的模式。该模式与科特迪瓦国家中长期发展战略有密切关系。鲁班工坊设备主要涉及电工操作平台、智能灌溉等教学实训设备，以及加工中心、数控机床等生产性设备。这些生产性设备用于农作物生产加工所需的磨具，为当地腰果、花生、咖啡、可可提供剥壳工具，直接服务于当地的重要加工产业。

天津理工大学积极响应国家"一带一路"建设，在国家职业教育改革创新示范区建设目标的指导下，精准对接《非盟 2063 议程》工业化发展愿景，紧密结合合作校亚理工的学科建设需求和服务所在国农、矿产品加工为特点的工业化发展战略，鼓励技术转移和技术创新，助力技术教育和技术推广，孵化非洲国家自主发展的内生动力。鲁班工坊在嵌入高等教育工程实训课程的基础上，为下游企业的生产技术创新提供技术保障和有效的职业技术培训服务，带动当地企业技术进步和产业转型升级。

（三）丰富人文交流与可持续发展

随着科特迪瓦鲁班工坊的扎实推进，2023 年，天津理工大学长期保持与科特迪瓦亚穆苏克罗国立理工大学的联络，通过多种方式传达及协商关于加快推进鲁班工坊项目的教育国际化发展进程，两校鲁班工坊负责部门举行会谈，就制定和完善鲁班工坊建设内容，创新高水平技能人才培养模式，深化科研合作等展开深入交流，并达成两校续签交流合作协议的计划。当前，非洲青年的"教育与就业"越发成为非洲国家"稳定与发展"的关键大局，双方合作学校自校领导至专业教师上下一心，用行动解读了"真、实、亲、诚"理念，诠释出科特迪瓦鲁班工坊和"鲁班工坊＋"项目都是基于这一理念的具体实践。

未来，双方学校将继续加强校企合作，丰富科特迪瓦鲁班工坊的内涵建设，完善工坊的运行机制。结合科特迪瓦国家的政治、经济、文化和发展需要，继续加强科特迪瓦鲁班工坊的内涵建设，有针对性地开展项目教学、做好师资培训、教材资源的开发及教学标准的研究工作；建立相应的激励机制和评价机制，以保证鲁班工坊的健康发展；将充分发挥科特迪瓦鲁班工坊在非洲职业教育合作中的示范引领作用，不断拓展中非人才培养新领域，有效推进中科高等教育和科技合作，融通中科人文交流机制，助推科特迪瓦以及西非国家共同打造人才非洲，拓展学校对外合作交流新局面，为中科关系高质量发展、推动构建人类命运共同体贡献力量。

第四章
贝宁鲁班工坊建设与发展报告

在首届世界职业技术教育发展大会"一带一路"合作与鲁班工坊建设发展论坛上，贝宁鲁班工坊批准成为全国首批鲁班工坊运营项目。贝宁鲁班工坊依托"中非（贝宁）职业技术教育学院"前期建设基础，进一步整合政行企校各方资源开展共建。贝宁鲁班工坊着力"多元聚力"创新构建政校企合作保障机制，着眼"授人以渔"聚焦培植贝方自主造血发展功能，着重"按需打造"中高职一体化贯通人才培养模式，服务贝宁当地民生发展，助推"一带一路"建设走深走实。

第一节 贝宁的社会经济与教育情况概述

一、社会经济情况概述

贝宁共和国，简称贝宁，位于西非中南部，南濒几内亚湾。贝宁国土面积112622平方公里，全境南北狭长，南窄北宽，海岸线长125公里。贝宁为多党制共和国，实行总统共和制，行政、立法、司法三权分立。全国划分为12个省，首都波多诺伏，是国民议会所在地；行政首都科托努，是贝宁中央政府所在地，也是贝宁的经济、交通和外贸中心，贝宁的中央机关、各国驻贝宁外交机构等均设于此。[①]贝宁是一个多民族国家，2022年全国人口达1340万，有60多个部族。官方语言为法语，本国民族语言有62种，使用较广的有丰语、约鲁巴语和巴利巴语。[②]贝宁是非洲联盟、西非国家经济共同体、西非货币联盟等组织成员国，在地

---

① 商务部国际贸易经济合作研究院、中国驻贝宁大使馆经济商务处、商务部对外投资和经济合作司：《商务部对外投资合作国别（地区）指南——贝宁（2021年版）》，中华人民共和国商务部网站，http://www.mofcom.gov.cn/dl/gbdqzn/upload/beining.pdf。

② 《贝宁国家概况》，中华人民共和国外交部网站，https://www.mfa.gov.cn/web/gjhdq_676201/gj_676203/fz_677316/1206_677414/1206x0_677416/。

区事务中具有一定影响力。

贝宁是联合国公布的最不发达国家之一。农业和转口贸易是贝宁国民经济两大支柱。农业以种植业为主，农业从业人口占总就业人口的 70%，主要经济作物有棉花、腰果、油棕榈等，其中棉花是其主要出口创汇产品。对外贸易收入占国家预算收入 60%—80%，转口贸易十分活跃，主要出口棉花、腰果、水泥等产品，进口食品、日用消费品、化学制品等。科托努港承担本国 90% 的对外贸易，也为西非内陆国家提供转口贸易服务。旅游业是贝宁新兴产业，是仅次于棉花的第二大创汇产业。贝宁将农业、旅游业、服务业确定为优先发展领域，制定《2016—2021 年政府行动计划》和《2021—2026 年政府行动计划》。重点发展新科技产业，计划建设技术与创新园区，大力发展数字经济。重视能源领域发展，拟定"人人享有能源"计划。改善投资环境，鼓励外国企业在贝投资，取得一定成效，经济保持增长。2019 年 7 月，贝宁签署《非洲大陆自贸区协定》，加入亚洲基础设施投资银行。据世界银行 2020 年营商环境报告，贝宁全球排名第 149 位。2020 年共成立 4 万多个企业，营商环境持续向好。[①] 据世界银行发布的 2023 年国家政策和国家机构评估（CPIA）报告，贝宁在参与评估的 39 个非洲国家中排名第二，在西非国家中排名第一。

二、教育情况概述

贝宁宪法规定"初等教育为义务教育"，"国家逐步保障免费的公共教育"。贝宁教育体系由三大部委主管，分别为高等教育与科研部，中等教育、技术教育与职业培训部，幼儿与初等教育部。全国有小学 3558 所、普通中学 246 所，公立大学 4 所、经政府批准的私立高等教育机构 80 余家。其中，4 所公立大学约有在校生 13 万人。[②]

在中等教育阶段，面向完成五年级课程的学生，提供职业技术教育与培训（TVET）课程。中专教育由 2 个周期组成，每个周期持续 3 年。中等职业技术教育课程涵盖以下领域：科学与工业，科学与行政与管理，科学与农业，卫生、家庭和社会教育，酒店和餐厅管理。中等教育程度的职业技术教育与培训毕业生可

---

① 《贝宁国家概况》，中华人民共和国外交部网站，https://www.mfa.gov.cn/web/gjhdq_676201/gj_676203/fz_677316/1206_677414/1206x0_677416/。

② 商务部国际贸易经济合作研究院、中国驻贝宁大使馆经济商务处、商务部对外投资和经济合作司：《商务部对外投资合作国别（地区）指南——贝宁（2021 年版）》，中华人民共和国商务部网站，http://www.mofcom.gov.cn/dl/gbdqzn/upload/beining.pdf。

修读高等教育程度的职业技术教育与培训课程。高等教育程度的职业技术教育与培训由大学院系、精英学校和大学研究所提供。根据专业和课程的不同，本科课程持续 3 到 4 年。研究生职业技术教育与培训课程为期 2 年。针对 14 岁以上年轻人，开展为期 3 年的学徒制，可以采用双轨制（在企业工作，同时在培训中心或技术学校学习），也可以在专门的职业技术培训中心，对辍学或低技能青年进行工艺职业培训。[①]

第二节　中国与贝宁两国经济教育合作情况

一、中国与贝宁两国经济合作情况

中国是贝宁第二大贸易伙伴。中国与贝宁（以下简称"中贝"）设有经贸合作混委会，2023 年 7 月在北京召开了混委会第五次会议。1982 年中贝两国政府签订《贸易协定》。1998 年 1 月签订《贸易、经济和技术合作协定》。2019 年 6 月签署《中华人民共和国政府与贝宁共和国政府关于共同推进丝绸之路经济带和 21 世纪海上丝绸之路建设的谅解备忘录》。2023 年 9 月，贝宁总统访华期间，中贝发表《中华人民共和国和贝宁共和国关于建立战略伙伴关系的联合声明》。根据统计，2023 年 1 月至 11 月，中贝双边贸易额 16.33 亿美元。其中中方出口额 15.38 亿美元，进口额 0.95 亿美元。[②] 中方主要出口纺织和机电产品，进口棉花。根据贝宁海关统计，中国是贝宁第二大进口来源国，第四大出口目的地国。

中国企业在贝宁进行直接投资或开展境外加工贸易等活动起步较晚，但发展较快。近年来，两国经贸合作的规模和领域不断扩大，方式更加多样化，逐步形成了进出口贸易、援外、投资、工程承包、境外加工贸易等相互促进发展的大经贸格局。据中国商务部统计，2020 年中国企业对贝宁直接投资额为 1064 万美元。在贝宁注册的中资公司主要分布在工程承包、通信、贸易、技术合作、投资等领域。目前，在贝注册的中资贸易机构主要有中兴公司、华为公司等。据中国商务部统计，2020 年中资企业在贝宁新签承包工程合同额 3.87 亿美元，同比增长 2683.0%。据

---

① Benin TVET Country Profile, UNESCO–UNEVOC International Centre for Technical and Vocational Education and Training, https://unevoc.unesco.org/home/Dynamic+TVET+Country+Profiles/country=BEN.

② 《中国同贝宁的关系》，中华人民共和国外交部网站，https://www.mfa.gov.cn/web/gjhdq_676201/gj_676203/fz_677316/1206_677414/sbgx_677418/。

中国驻贝宁使馆经商处统计，截至 2021 年 5 月底，在贝宁的中国籍劳务人员共951 人。[①]

二、中国与贝宁两国教育合作情况

中贝民间友好深入人心。1987 年，宁夏回族自治区和贝宁博尔古省结为友好省区。2012 年，浙江省宁波市和贝宁科托努市签署友好关系协议。1988 年，中国在贝宁科托努设立中国文化中心，是中国在海外最早设立的文化中心之一，也是中国在非洲大陆的第一家文化中心。多年来，中国文化中心非常活跃，开设了很多培训班与兴趣俱乐部，深受贝宁老百姓的欢迎和喜爱。[②]

截至 2021—2022 学年，贝宁在华学生总数为 840 名。2023 年 9 月，习近平主席同贝宁总统举行会谈，并指出"中方愿同贝方密切人文交流，加强教育培训、医疗卫生等领域合作，继续支持共建鲁班工坊"[③]。随着中贝友好关系的发展，双方教育合作将迎来更大的发展。

第三节　项目建设与发展

一、中国与贝宁合作学校简介

（一）宁波职业技术学院

宁波职业技术学院于 1999 年经教育部批准成立，整合了宁波职工业余大学（浙江省职教先进单位）、宁波中等专业学校（浙江省重点中专）和宁波市电子职业中学等优质职教资源，传承了优秀职教基因和匠心育人文化。学校紧跟国家职业教育改革步伐，持续深化内涵建设，发展水平始终位于全国职业院校前列，是首批国家示范性高等职业院校、国家"双高计划"高水平学校建设单位、国家优质专科高等职业院校、浙江省重点建设高职院校和浙江省国际化特色高校。

宁波职业技术学院地处宁波北仑新区，以"融港链天下，荟智育匠才"为发

---

① 商务部国际贸易经济合作研究院、中国驻贝宁大使馆经济商务处、商务部对外投资和经济合作司：《商务部对外投资合作国别（地区）指南——贝宁（2021 年版）》，中华人民共和国商务部网站，http://www.mofcom.gov.cn/dl/gbdqzn/upload/beining.pdf。

② 驻贝宁大使：《中贝建立战略伙伴关系 贝方将对中国公民实施完全免签》，直通非洲，https://www.thepaper.cn/newsDetail_forward_24669905。

③ 《习近平同贝宁总统塔隆会谈》，央广网，https://china.cnr.cn/news/sz/20230902/t20230902_526405757.shtml。

展愿景，坚持立足区域、服务区域、融入区域的建设原则，持续推进政校行企园多方联动的专业建设机制改革，不断深化产教融合、校企合作。主动对接国家、省、市产业转型升级和经济社会发展需求，设置与区域绿色石化、高端装备制造等万亿级产业发展需求紧密对接的绿色化工、智能制造等8个专业群，开设化学工程与工艺、材料成型及控制工程等5个本科专业和33个专科专业。现有全日制高职在校生1.1万余人，毕业生留用就业率年均60%以上，用人单位满意率保持在94%以上，有效支撑了区域经济高质量发展。

宁波职业技术学院主动融入国家对外开放整体大局，是商务部"中国职业技术教育援外培训基地"，全国首家"一带一路"产教协同联盟牵头成立单位。宁波职业技术学院2021年荣获世界职教院校联盟（WFCP）产教融合卓越奖，多次获全国高职院校国际影响力50强。2022年，宁波职业技术学院入选教育部"未来非洲——中非职教合作计划"首批试点院校，成为金砖国家职业教育联盟中方执行秘书处单位。

（二）阿卡萨多中贝友谊技术学校

阿卡萨多中贝友谊技术学校建成于2014年，是中国政府援助项目，中贝合作的标杆。学校占地面积32488平方米，建筑面积8165平方米，具备职业技术教育和培训的场地和设施设备，配备标准化的水、电、网络等设施，有良好的硬件设施条件。在原来整体援建的基础上，中国驻贝宁大使馆也在帮助学校开展进一步的维修，以及职业教育实训设施设备的进一步完善。

截至2023年12月，阿卡萨多中贝友谊技术学校在校生2000余人，设置了计算机、电器、建筑、汽修、酒店、服装等专业，成功合作开展中贝计算机专业培训。学校得到中贝政府大力支持，有效弥补了贝宁职业教育与普通高中教育的鸿沟，增强了贝宁职业教育培训能力，填补了贝宁职业教育发展的空白。

（三）贝宁CERCO学院

贝宁CERCO学院成立于1998年，是贝宁政府批准成立的全日制私立高等院校，可颁发本科和硕士文凭，是服务贝宁经济社会和文化发展的创新中心之一。贝宁CERCO学院以电子信息及软件技术教育和培训为主。每年邀请国外优秀教师到贝宁讲课，采用现代化信息手段进行教学和日常管理工作，培养的学生就业率和就业质量相对较高。

贝宁CERCO学院成立20多年来，致力于建设与当地产业发展需求紧密对接的专业，培养具有国际视野的技术应用型创新技能人才，在贝宁有较高的知名度和影响力。贝宁 CERCO 学院积极拓展国际合作，在布基纳法索、科特迪瓦、多哥、法国设立分中心，与中国合作交流深入，具有较强的国际化办学能力。

二、合作企业介绍

浙江天时国际始创于 1993 年，是以贸易与实业结合、国际工程承包与国际劳务合作结合、对外贸易和对外经济技术合作为主的多元化经营型企业。下辖浙江天时国际经济技术合作有限公司、贝宁中国经济贸易发展中心有限公司等 10 余家子公司，业务涉及 50 多个国家，覆盖机电制造、国际贸易及物流、成套工程、境外项目执行及平台搭建、人工智能等产业集群。

天时国际是宁波贝宁商会的会长单位，商会内 20 余家甬资企业在贝宁及周边国家有大量的业务网络。投资建设的贝宁中国经济贸易发展中心是中国政府对非洲的国家级经济援助项目，由天时国际经营、管理和维护 50 年，到期后移交给贝宁政府。

三、项目建设情况

（一）发展定位与建设思路

在中国驻贝宁大使馆大力支持和指导下，依托前期宁波职业技术学院、贝宁 CERCO 学院和浙江天时国际校企三方合作成立的"中非（贝宁）职业技术教育学院"，由宁波职业技术学院和阿卡萨多中贝友谊技术学校合作共建的贝宁鲁班工坊于 2022 年 8 月获批成为全国首批鲁班工坊运营项目。阿卡萨多中贝友谊技术学校提供贝宁鲁班工坊专属独立教学场所与实训实验基地，并共享所有教育教学场所与设施资源，项目建设面积 800 平方米，其中实习实训场地面积 500 平方米。

1. 发展定位

在目标定位上，依托中非（贝宁）职业技术教育学院前期建设基础，政校企多元协同，建设服务贝宁地方经济发展、辐射西非的高水平鲁班工坊。在功能定位上，学历教育和技术培训双管齐下，成为技术技能人才培养的教学中心，服务国际产能合作，为当地经济社会发展培养高素质技术技能人才。在形象定位上，成为中贝人文交流重要载体，传播职业技术，增进中贝友谊和民心相通。

2. 建设思路

围绕贝宁鲁班工坊建设"三定位"，制订场地建设与品牌打造计划、机制构建与制度保障计划、师资培训与能力提升计划、标准开发与资源建设计划、人才培养及来华留学计划、成果宣传与国际传播计划"六位一体"推进鲁班工坊建设，为浙江天时国际等在非中资企业培养本土技术技能人才，服务当地民生发展，助推"一带一路"建设。

（二）重点建设内容

经过与贝宁中等教育、技术教育与职业培训部和阿卡萨多学校的多次务实沟通与交流，贝宁鲁班工坊现有 3 个专业，分别为信息技术与应用、电子电工技术、工业制造技术，现阶段主要为贝方提供师资能力建设培训、专业建设和课程开发、实验实训场地和项目开发等工作。

1. 教学资源建设情况

贝宁鲁班工坊依托前期"中非（贝宁）职业技术教育学院"建设成果，按需定制专业教学标准开发及专业教材和语言文化教材的编制工作，包括《计算机网络技术专业国际化教学标准》开发，编制《电路基础及应用》《电子产品制作及仪器使用》《电子技术综合实践》《单片机技术与项目开发》《综合汉语初级》等双语版教材，2023 年 9 月《中国传统文化》再版，应用于计算机网络技术专业、电子专业技术技能人才培养，实施中贝职业技术创新人才培养。

2022 年 12 月，中国驻贝宁大使馆向贝宁鲁班工坊所在的阿卡萨多中贝友谊技术学校援助计算机、服装、汽修等专业实验实训设备，提升学校教学能力。中方大使表示，此次物资援助项目是中方落实习近平主席在中非合作论坛第八届部长级会议上宣布的中非务实合作"九项工程"，对接贝宁政府职业教育发展战略的具体举措，推动贝宁鲁班工坊建设，打造成贝宁职业教育的典范。

2. 师资队伍建设情况

（1）团队建设

2023 年 4 月，在中国驻贝宁大使馆和贝宁中等教育、技术与职业培训部共同见证下，贝宁鲁班工坊揭牌仪式在贝宁阿卡萨多中贝友谊技术学校成功举行，双方共建贝宁鲁班工坊工作团队。中国驻贝宁大使馆，贝宁中等教育、技术教育与职业培训部，宁波市教育局，宁波市外办等共同组成贝宁鲁班工坊建设指导委员会，为鲁班工坊建设提供指导与支持。宁波职业技术学院、阿卡萨多中贝友谊技术学校和浙江天时国际代表共同组成贝宁鲁班工坊中贝联合管理委员会，主要负责项目整体设计、实施过程监控、企业人才需求、重大事宜决策等。同时，宁波职业技术学院和阿卡萨多中贝友谊技术学校共同组成贝宁鲁班工作小组，推进鲁班工坊具体建设和日常事务处理。

（2）师资培训

在中国驻贝宁大使馆的支持下，宁波职业技术学院依托中国政府人力资源援外培训载体，从 2019 年开始实施"贝宁职业技术教育海外培训班"，为阿卡萨多中贝友谊技术学校开展师资能力建设培训，提升其教师本土化职教标准、课程的开发与实施能力，帮助其逐渐建立常态化、周期性、长效性的师资培养体系。贝宁鲁班工坊正式挂牌后，中方于 2023 年 11 月派遣团队赴贝开展师资培训、实训布局重构和现场教学，师资培训内容包括职业教育的理念、教学方法、职教课程设计、教学项目设计等，同时开展课堂示范教学，与贝方老师相互观摩课堂教学并进行交流研讨，提升贝宁鲁班工坊教师的课堂执教水平。

3. 校企合作情况

中方工作团队于 2023 年 4 月赴贝宁参加中国驻贝宁大使馆举办的中贝投资论坛，与在贝中资企业进行了沟通交流，了解中资企业人才培养需求，洽谈共建贝宁鲁班工坊事宜；并与参会的中非民间商会企业代表团取得了进一步联系，陆续邀请了昇非集团、源源供应链等在贝中资企业来校考察调研，为更好地开展贝宁鲁班工坊校企合作拓展了资源和思路。

2023 年 9 月，宁波职业技术学院领导与贝宁中等教育、技术教育与职业培训部部长签订共建贝宁鲁班工坊合作协议和鲁班工坊建设章程，并专题研究贝宁鲁班工坊推进事项，是双方在贝宁鲁班工坊项目上进一步加强合作的重要里程碑；双方明确加快推进鲁班工坊与当地中资企业的校企合作，进一步推动"产教同行"。

4. 保障体系情况

第一，协议约定：基于共商、共建、共享原则，2023 年 9 月中贝双方签订共建贝宁鲁班工坊合作协议，约定共建贝宁鲁班工坊运营机制与组织架构，鲁班工坊（独立）场地建设与布置，制订鲁班工坊师资能力建设方案及具体实施计划；为阿卡萨多中贝友谊技术学校制定中短期发展规划，开展标准开发及教学、实训资源建设；共同打造"中贝跨境中高职一体化融通"人才培养项目，为贝宁优秀学生来华留学提供支持与便利等。

第二，管理制度：建立贝宁鲁班工坊"建设指导委员会—中贝联合管理委员会—中贝工作小组"三级组织架构体系，实现宏观指导—监管决策—具体实施，层层强化工坊建设质量。优化贝宁鲁班工坊建设内部制度环境，不断完善配套制度。

第三，风险防范：寻求使馆、企业和主管部门支持，聚焦政治风险、卫生健康风险、舆情风险、突发事件应急处置等开展风险动态研判，加强人员的培训和跨文化能力、国际传播能力、应急处突等能力的培养，以及时作好应对。

5. 工坊投入情况

第一，各级政府部门为贝宁鲁班工坊建设提供支持。中国驻贝宁大使馆已将本项目纳入中非合作九项工程"项目池"，并将在项目场地维护、实训设备添置等方面予以关注支持。宁波市教育局每年向宁波职业技术学院提供境外办学专项补助，宁波市外办给予宁波职业技术学院赴境外开展教学工作的老师提供因公审批政策倾斜。

第二，贝方高度认同并支持工坊建设。贝宁中等教育、技术教育与职业培训部主动提出与学校签署协议以更好地指导和支持贝宁鲁班工坊建设，并专设中贝职教合作专员推进工作。工坊建设场地位于阿卡萨多中贝友谊技术学校，贝方提供 800 平方米独立场所。

第三，企业及商会提供教师食宿经费，合作开展职教发展、产业现状和人力资源需求调研等，协助学校教师在贝宁期间的生活安全保障与支持等。

第四，宁波职业技术学院高度重视贝宁鲁班工坊建设，从组织保障、制度保障、经费保障、人员保障等多方面支撑。

（三）项目建设历程

1. 前期合作阶段（2014—2017 年）

2014 年，宁波职业技术学院赴贝宁实地调研贝宁职业教育情况，经浙江天时国际有限公司引荐，考察贝宁 CERCO 学院，校校企三方达成一致意见，共同筹建"中非（贝宁）职业技术培训学院"。2015 年，宁波职业技术学院首次赴贝宁开展授课，校校企三方共同设计课程、共同承担费用，学校教师在 CERCO 学院的讲课受到 CERCO 学生和社会学员的热烈欢迎和高度评价，首名来自贝宁 CERCO 学院的学生赴宁波职业技术学院学习中文和专业课程。

2016 年，宁波职业技术学院与贝宁 CERCO 学院、贝宁中心运营方浙江天时国际有限公司三方共建的"中非（贝宁）职业技术教育学院"在贝宁首都、宁波友好城市——科托努市成立，科托努市市长参加成立仪式。随后，贝宁基础设施与交通部部长、贝宁经济与财政部部长、贝宁总统顾问一行来华考察访问宁波职业技术学院。

2017 年，宁波职业技术学院再赴贝宁，依托贝宁-宁波商会会长单位、浙江天时国际有限公司，调研中资企业在贝人力资源需求情况。在宁波市教育局的支持下，宁波职业技术学院与贝宁 CERCO 学院达成协议，CERCO 学院每年选派优秀学生来华到宁波职业技术学院学习深造。

2. 合作深化阶段（2018—2021 年）

2018 年，"中非（贝宁）职业技术教育学院"从非学历培训拓展到学历教育。宁波职业技术学院多次选派教师赴贝宁 CERCO 学院开展授课，并与 CERCO 学院共同制定"中非（贝宁）职业技术教育学院"计算机网络技术专业人才培养方案。

在中国驻贝宁大使馆牵线搭桥下，宁波职业技术学院与中国援建的阿卡萨多中贝友谊技术学校开展对接，延伸"中非（贝宁）职业技术教育学院"的教育教学。"2019 年贝宁职业技术教育海外培训班"在阿卡萨多中贝友谊技术学校举办，宁波职业技术学院和阿卡萨多中贝友谊技术学校的合作正式启动。

2020 年，宁波职业技术学院与贝宁 CERCO 学院、阿卡萨多中贝友谊技术学校三方联动，研发适合贝宁本土产业人才培养的职教标准，推进按需定制教学载体与 Moodle 平台课程开发，为三方合作共建贝宁鲁班工坊奠定基础。

3. 建设推进阶段（2022 年至今）

中国驻贝宁大使馆和宁波职业技术学院多次召开线上会议，沟通贝宁鲁班工坊建设事项。2022 年，中国驻贝宁大使馆将贝宁鲁班工坊作为落实中非合作论坛第八届部长级会议的具体举措，列入使馆重点工作。2022 年 8 月，宁波职业技术学院贝宁鲁班工坊获全国首批鲁班工坊运营项目。依托中非（贝宁）职业技术教育学院和援外培训项目，宁波职业技术学院与中国政府援建的阿卡萨多中贝友谊技术学校等合作共建的贝宁鲁班工坊，于 2023 年 4 月在贝宁阿卡萨多中贝友谊技术学校正式揭牌。

2023 年 5 月，贝宁中等教育、技术教育与职业培训部代表来华共商贝宁鲁班工坊建设。9 月，贝宁中等教育、技术教育和职业培训部部长来校参加职业教育研讨，举行共建贝宁鲁班工坊签约仪式，共商贝宁鲁班工坊建设工作。中贝双方在互访沟通中，确定贝宁鲁班工坊实训中心建设方案并不断推进。

四、建设成效与创新点

贝宁鲁班工坊建设重视系统设计、机制构建、沟通交流与经验总结，项目建设以来成效显著，对贝宁职业技术教育与培训产生了重要影响，为中贝合作和贝宁经济社会发展注入了新动力。

（一）建设成效

1. 合作基础深厚，人才培养成效显著

自 2015 年宁波职业技术学院迎来首名贝宁学生，中贝职业教育师生交流已走过 9 年，双方合作基础深厚。2018 年，中贝合作项目计算机网络技术专业迎来首批 27 名学生正式入读，同时注册中贝双方学籍。2019 年，有 33 名学生注册中贝合作项目计算机网络技术专业。贝宁 CERCO 学院多次选拔学生赴宁波职业技术学院学习中文和专业课程，2018 年有来自贝宁、布基纳法索、尼日尔、喀麦隆、科特迪瓦 5 国的 11 名学生来宁波职业技术学院学习，2019 年有来自贝宁、布基纳法索的 10 名学生来宁波职业技术学院学习。2020 年，宁波职业技术学院"中贝鲁班学堂职业技术创新人才培养项目"着力培养贝宁当地所需的技术技能人才，获教育部教育援外项目立项，为促进中贝民心相通奠定基础。

2021 年，宁波职业技术学院通过双导师制模式，组建 15 支中贝师生团队，参加第七届中国国家"互联网 +"大学生创新创业大赛国际项目。同年，宁波职业技术学院与浙江天时国际有限公司合作，组织来华留学生参加"2021 中国义乌出口商品线上展"，助力 44 家企业线上洽谈经贸合作。

2. 开展国际化师资队伍建设，优化教学资源建设

宁波职业技术学院制定《宁波职业技术学院"双师双语双能"教师认定与管理办法（试行）》，开展双师双语双能教师认定，建立国际化师资库。2021 年，宁波职业技术学院选派教师开展网络授课，实施双语教学，开拓国际化办学线上授课新模式。

宁波职业技术学院结合贝宁授课要求，择时择机选派优秀教师赴贝宁开展教学和管理工作。2023 年 12 月，宁波职业技术学院派遣工作团队赴贝宁开展师资培训、实训布局重构和现场教学，并着重开展工科类教师的职教能力提升培训。并按照贝宁当地需要，定制相关专业教学标准、专业教材和语言文化教材，开发了 8 本双语专业教材、3 本语言文化教材和 Moodle 数字化教学平台。

（二）创新点

1. 务实合作，多路径培养技术技能人才

宁波职业技术学院围绕技术技能人才培养，创新制订"六位一体"建设方案，推进贝宁鲁班工坊 2.0 版本建设，吸引了 60 余名贝宁及周边国家留学生来华学习，并有效辐射西非各国。同时，创新"云跨境"办学，开展线上教学，并组织贝宁

学生参加世界职业院校技能大赛、"互联网＋"大学生创新创业大赛国际项目等赛事，以赛促教、以赛促学，助力贝宁学生全面发展。

2. 授人以渔，有效赋能贝方师资能力建设

宁波职业技术学院依托商务部唯一的"中国职业技术教育援外培训基地"，为贝宁教师开展相关培训，参训教师满意度高。与此同时，学校还派遣教师赴贝宁重点开展工科类教师的职教能力提升培训，培训不仅面向阿卡萨多中贝友谊技术学校的教师，还有中等教育、技术教育与职业培训部选拔的其他职业学校的教师，开展职业教育理念、教学方法、职教课程设计、教学项目设计等方面的培训。培训后及时开展课堂示范教学，与贝方老师相互观摩课堂教学并进行交流研讨，有效提升了包括阿卡萨多中贝友谊技术学校教师在内的贝宁职教师资的职教理念和课堂执教水平。

3. 产教同行，持续开展技术技能培训

宁波职业技术学院多次出访贝宁，充分调研当地经济发展现状与产业发展需求，配合当地中资企业需求与当地政府人才培养需要，开展技术技能培训。学校派遣优秀专业教师和管理人员赴贝宁，开展技术技能、现场管理的培训，为本土化人才培养和区域经济发展提供智力支持。学校累计派遣30余名教师赴贝宁授课，受益面达800余人次，为当地经济发展和中资企业海外经营提供本土人才支撑。

五、未来规划

（一）持续优化整体规划，服务"一带一路"教育行动

宁波职业技术学院积极服务国家总体外交大局，主动落实习近平主席与塔隆总统举行会谈时提出的"继续支持共建鲁班工坊"讲话精神，在中国驻贝宁大使馆的支持和指导下，与阿卡萨多友谊技术学校共建贝宁鲁班工坊。2023年，邀请贝宁中等教育、技术教育与职业培训部部长一行来华，共商贝宁鲁班工坊工作推进、场地建设、师资能力提升等，并进一步签订了合作协议。按照"整体规划，分步实施，阶段发展"的原则，持续优化鲁班工坊整体规划，服务"一带一路"教育行动。

（二）持续健全保障机制，服务鲁班工坊高质量发展

根据阿卡萨多中贝友谊技术学校提供的教学场地，分批次重点打造"5"中心，新建4个中心和扩建1个中心形成"4+1"模式。根据建设进度安排，按计划分批

次选派优秀教师赴贝宁进行实验实训场地建设设计与实施、人才培养方案制定、核心课程建设和理实一体教学等重要任务。2023年已选派教师赴贝宁进行实地调研与规划，并开展实质性的教学活动，后续持续选拔优秀教师赴贝宁任教，形成可持续的本土化紧缺技术技能人才培养机制。

（三）整合资源多方联动，推进鲁班工坊可持续发展

依托贝宁鲁班工坊，全面整合外部优质资源，全方位开展业务合作。依托"'一带一路'产教协同联盟"，整合全国高职院校和龙头企业资源，进一步落实"教随产出，产教同行"，服务企业"走出去"；探索建立"一带一路"产教融合数智信息服务平台，加强新产品开发和技术成果的推广转化，推动宁波中小企业在贝宁的技术研发和产品升级；加强海外人力资源开发，扩大职业技能培训规模，开展定向培养，为宁波企业在贝宁发展培养一线生产技术工人和基础管理岗位储备人才。全面推进中贝职业教育与培训、师资培训、教育教学资源开发、职业技能鉴定、职业技能大赛、技术服务与专业咨询、职业教育研究、国际合作与交流活动，助力贝宁鲁班工坊高质量可持续发展。

第五章 塔吉克斯坦鲁班工坊建设与发展报告

塔吉克斯坦鲁班工坊是中塔两国元首重要共识建设项目，是中亚首家鲁班工坊，由天津城市建设管理职业技术学院与塔吉克斯坦技术大学合作共建，位于塔吉克斯坦技术大学土木工程与建筑学院校区内，面积 1138 平方米，建有集理论与实践教学为一体的绿色能源和智能测绘实训中心。塔吉克斯坦鲁班工坊于 2022 年 11 月 29 日举行启运仪式。工坊以接受过系统培训的塔吉克斯坦教师为教学主体，对塔吉克斯坦青年进行专业技术技能培训，为促进两国人文交往和多元合作提供广阔平台，是服务中塔产能合作、"一带一路"建设、推动优质职业教育"走出去"的重要举措。

第一节 塔吉克斯坦的社会经济与教育情况概述

一、社会经济情况概述

塔吉克斯坦共和国，地处中亚东南部，国土面积 14.31 万平方公里。全国分为三州一区一直辖市：索格特州（原列宁纳巴德州）、哈特隆州、戈尔诺－巴达赫尚自治州、中央直属区和杜尚别市。

塔吉克斯坦全国共 1027.7 万人。塔吉克语为国语，俄语为族际交流语言。塔吉克斯坦境内多山，约占国土面积的 93%，有"高山国"之称。塔吉克斯坦水资源充沛，居世界第八位，人均拥有量居世界第一位，矿产资源丰富。

2023 年，塔吉克斯坦国内生产总值为 115.7 亿美元，同比增长 8.3%；塔外贸总额超过 83 亿美元，较 2022 年增长 13.9%，主要贸易伙伴为俄罗斯（双边贸易额约 17 亿美元）、中国（约 15 亿美元）、瑞士（逾 13 亿美元）、哈萨克斯坦（约 11 亿美元）；出口额约 24 亿美元，较 2022 年增长 14.3%。[①]

---

① 参见中华人民共和国商务部网站，http://tj.mofcom.gov.cn/article/jmxw/202402/20240203473774.shtml。

二、教育情况概述

截至 2024 年 1 月，全塔高等教育机构 41 所，其中综合性大学 22 所、工业高等教育机构 4 所、农业高等教育机构 2 所、师范高等教育机构 2 所、医学高等教育机构 2 所、专业性人文科学高等教育机构 6 所、文化艺术高等教育机构 3 所。[①]2022—2023 学年，高等教师总人数为 11681 人，注册学生 22.96 万人；2023—2024 学年新入学高校学生数量为 9567 人。

高等教育包括高等职业教育专业人才、本科、硕士、副博士和博士。目前，塔吉克斯坦高等职业教育实施两种教育学制结构：二级教育学制结构和传统教育学制结构。[②]

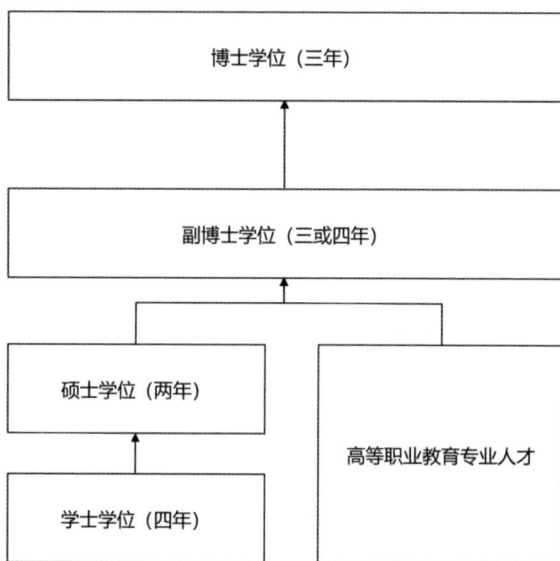

塔吉克斯坦政府高度重视教育，逐年增加教育投入。2023 年教育投入为 6.38 亿美元，相比 2022 年增加了 14%。[③]

① 《塔吉克斯坦共和国教育和科学部官网全塔高校清单》，https://ru.ruwiki.ru/wiki/Список_высших_учебных_заведений_Таджикистана。

② 黄雅婷：《塔吉克斯坦文化教育研究》，外语教学与研究出版社，2021 年，第 180 页。

③ 数据来源于塔吉克斯坦共和国总统在 2023 年 9 月 1 日 "知识节" 上的讲话。

第二节　中国与塔吉克斯坦两国经济教育合作情况

一、中国与塔吉克斯坦两国经济合作情况

中国与塔吉克斯坦（以下简称"中塔"）于 1992 年 1 月 4 日建交。两国关系积极、健康、稳步向前发展，2013 年建立战略伙伴关系，2017 年建立全面战略伙伴关系，2023 年宣布构建世代友好、休戚与共、互利共赢的命运共同体。

据塔吉克斯坦国家统计署数据，2023 年中国与塔吉克斯坦双边货物进出口额为 39.26 亿美元，同比增长 53.5%。中国是塔吉克斯坦最大投资来源国。2012 年至 2023 年，中国向塔吉克斯坦经资了 29 亿美元。

截至 2023 年 12 月，在塔注册的中资企业 300 余家，在矿产开发、能源、电力、纺织工业、农业和农产品加工、建材等领域从事投资经营活动。

二、中国与塔吉克斯坦两国教育合作情况

中塔两国的普通教育机构、高等教育机构、科研院所、企业和民间组织都保持着紧密的合作关系。近年来，中国政府和企业在塔吉克斯坦资助修建了多所文化和教育机构，有效改善了塔吉克斯坦的教育教学条件。

两国学生交流工作不断推进。据中华人民共和国教育部公布的数据显示，从 2013 年至今，塔吉克斯坦来华留学生数量呈逐年上升趋势，从 2013 年的 1944 名增加到 2023 年的 4278 名。中国为塔吉克斯坦提供的政府奖学金名额从 2013 年的 344 个增加到 2023 年的 842 个。[①]

第三节　项目建设与发展

一、中国与塔吉克斯坦合作学校简介

（一）天津城市建设管理职业技术学院

天津城市建设管理职业技术学院是公办全日制高等职业院校。学院依托能源行业办学，设有建筑工程学院、信息管理学院、能源机电学院、应用艺术学院 4 个二级学院，建设了绿色建筑、城市智能管理、智慧能源、应用艺术 4 大专业群，

---

① 根据中华人民共和国教育部公布的数据整理。

共开设 30 个专业。

学院是天津市职业教育创优赋能高水平高职学校和智慧能源、城市智能管理高水平专业群建设单位，是国家现代学徒制试点院校、教育部职业教育信息化标杆学校建设单位、教育部国防教育特色校、天津市高校"三全育人"综合改革试点时效奖单位、天津市"文明校园"先进学校、天津市大学生思想政治教育新媒体示范校。

（二）塔吉克斯坦技术大学

塔吉克斯坦技术大学是一所国立高等职业教育机构，同时也是塔吉克斯坦第一所且排名第一的高等技术教育机构。成立于 1956 年，共有 3 个校区，总建筑面积为 62000 平方米，设有 7 个学院：电力工程学院、信息与通信技术学院、创新技术学院、土木建筑学院、交通运输学院、管理与运输学院、与白俄罗斯国立技术大学联合开设的联合工程技术学院。

学生人数超过 12000 人，其中外国留学生 800 人。大学有 500 多名高水平教师，其中包括塔吉克斯坦国家科学院的 7 名院士、37 名理学博士和教授，以及 200 多名理学在读博士。多年来，该大学培养并向塔吉克斯坦及全世界输送了 6000 多名能源、土木建筑、交通运输、电信技术、管理和运输建设，以及冶金和化学工程领域的高级工程师、建筑师、行业经济学家和科学教育专业人才。

二、合作企业介绍

（一）山东栋梁科技装备有限公司

山东栋梁科技装备有限公司 1998 年成立于山东工业大学，2003 年被教育部中国教学设备总公司指定为其生产基地。公司总部设在济南腊山高新科技园，是一家专业从事大中专院校实验、实训教学设备开发、生产、销售，以及为职业教育提供系统化整体解决方案的产、学、研一体化的国家级高新技术企业、双软企业。在塔吉克斯坦鲁班工坊建设中主要承担绿色能源实训中心仪器装备建设及技术支持，与教师团队共同开发双语教材《城市热能管道安装技术》。

（二）广州南方测绘科技股份有限公司

广州南方测绘科技股份有限公司 1989 年创立于广州，是一家集研发、制造、销售和技术服务于一体的测绘地理信息产业集团。业务范围涵盖测绘装备、卫星导航定位、无人机航测、激光雷达测量系统、精密测量系统、海洋测量系统、精密监测及精准位置服务、数据工程、地理信息软件系统及智慧城市应用等，致力于行业信息化和空间地理信息应用价值的提升。在塔吉克斯坦鲁班工坊建设中主要承担智能测绘实训中心仪器装备建设及技术支持，与教师团队共同开发双语教材《工程测量装备与应用》。

（三）海拓能源发展有限公司

海拓能源发展有限公司是志存锂业集团有限公司的海外子公司，志存锂业是中国电池级碳酸锂生产的龙头企业，是中国致力于成为全球规模最大、效率最高、技术最强、最有雄心的锂盐企业。该企业在塔投资的锂矿将于 2024 年 9 月投入开采，将有 1000 余个采矿、选矿、矿山测量、机械操作维修等就业机会向塔吉克斯坦技术大学毕业生敞开。海拓能源与天津城市建设管理职业技术学院和塔吉克斯坦技术大学签订《塔吉克斯坦新能源领域校企合作协议书》，接收塔吉克斯坦鲁班工坊矿山测量、给排水、地下建筑和矿山等专业毕业生，并达成员工订单式定向式技术技能培养培训合作。

（四）杜尚别 2 号热电厂

杜尚别 2 号热电厂是塔吉克斯坦迄今为止最大的火电施工项目，由中国特变电工股份有限公司承建，分为一期和二期两个阶段。2016 年以前，杜尚别大部分城区只有夜里供电，日均供电时间甚至不足 4 小时，供热更无从谈起。2 号热电厂投运后实现了年总发电量 22 亿度，完全填补了水电站的发电缺口，供热面积超过 430 万平方米，解决了杜尚别 70% 的居民过冬问题。现塔吉克斯坦鲁班工坊在杜尚别 2 号热电厂建有教研室，每年固定为塔吉克斯坦鲁班工坊毕业生提供 10—20 个工作岗位。

三、项目建设情况

（一）发展定位与建设思路

塔吉克斯坦鲁班工坊的发展定位是紧紧围绕塔吉克斯坦的产业和"一带一路"建设对接要求，作为在塔国实施学历教育和技能培训的教育机构，建成中塔职业教育国际合作的新支点，"一带一路"上的技术技能驿站，推动中国优质技术"走出去"。以天津城市建设管理职业技术学院城市热能应用技术、工程测量技术专业的优质教育资源为支撑，以深入开展校企合作基础上的技术技能人才培养目标机构为载体，以国际化专业教学标准为依据，以工程实践创新项目为教学模式，将中国优质职业教育和中国优质设备产品分享给塔吉克斯坦，通过培训塔方师资组织实施工坊的日常教学，为塔国经济社会发展提供国际化高素质技术技能人才。

建设思路是依托职业院校校际国际合作创办鲁班工坊，在职业院校对外国际合作办学、合作交流的基础上，通过开展学历教育与技能培训、技能大赛与设备研发、师资培训与合作交流，服务塔国经济社会发展、辐射周边中亚国家。将其建成专业设置优化、教学理念先进、技术设备精良、功能辐射广泛的国际合作项目。在建设过程中，探索形成"一坊一联盟"，即"塔吉克斯坦鲁班工坊＋塔吉克斯坦鲁班工坊产教协同育人联盟"。专业建设路径：两校共建核心专业"城市热能应用技术（供气、供暖及空调系统）""工程测量技术（大地测量与制图学）"，在核心专业基础上辐射相关专业给排水系统、空气净化与冷却、水电站建设与运营、工业建筑和民用建筑、建(构)筑物建筑学、生态设计等。采用双方共同管理的模式，天津城市建设管理职业技术学院负责教育教学标准、项目运行质量监控管理等工作，塔吉克斯坦技术大学负责招生工作、日常教育教学管理等工作。

（二）重点建设内容

1. 专业建设情况

（1）城市热能应用技术专业

结合塔吉克斯坦技术大学供气、供暖及空调系统专业发展现状和人才培养需求，天津城市建设管理职业技术学院与塔吉克斯坦技术大学就双方专业发展，共同研讨专业人才培养方案，共同完善课程体系，共同梳理核心课程并制定专业核心课程标准及实训课程内容。

天津城市建设管理职业技术学院紧密结合塔吉克斯坦技术大学土木建筑学院供气、供暖及空调系统专业人才培养方案，以EPIP能力源套件学习分组教学形式为手段将职业教育模式展现给塔吉克斯坦技术大学。管道与制暖平台、风力光伏互补发电展示平台实训设备以人才培养目标为出发点，突出教学做一体化，充分考虑清洁能源装备基础技能要求，贴近民生需求，对接世赛、国赛竞赛内容，经双方探讨将设备的8个实训模块融入塔方不同的专业课程，弥补了人才培养体系中缺少实训设备、技能课程不足的问题。按图纸施工、按标准操作，培养学生"敬业、精益、专注、创新"的工匠精神，为塔吉克斯坦培养急需的高素质技术技能人才。

（2）工程测量技术专业

结合塔吉克斯坦技术大学土木建筑学院工程测量技术专业发展现状和人才培养需求，天津城市建设管理职业技术学院与塔吉克斯坦技术大学土木建筑学院共建工程测量技术专业，共同研讨专业人才培养方案，共同完善课程体系，共同梳理核心课程并制定专业核心课程标准及实训课程内容。

　　天津城市建设管理职业技术学院紧密结合塔吉克斯坦技术大学土木建筑学院大地测量与制图学专业人才培养方案，将教学过程中急需的 GNSS 定位测量、高精度控制测量、全数字测图、工程项目施工测量等测绘地理信息技术体系融入专业课程建设，弥补了人才培养体系中测绘地理信息技术技能课程不足的问题。以人才培养目标为出发点，将专业基础理论课程与测绘地理信息技术技能课程相结合，突出教学做一体化，为塔吉克斯坦培养急需的掌握先进测绘地理信息技术的高素质技能人才。

2. 师资培训情况

　　2022 年 8 月，天津城市建设管理职业技术学院与塔吉克斯坦技术大学签署《塔吉克斯坦鲁班工坊师资培训协议》。于 7 月、8 月安排两批共 10 名专业骨干教师赴塔开展师资培训。首期师资培训于 8 月 29 日正式开始，9 月 14 日结束，参训教师 21 人，培训时长 192 课时，共完成培训 242 人次。根据塔吉克斯坦技术大学师资特点设计进阶式培养模式，培养满足塔吉克斯坦鲁班工坊教学所需的本地师资力量，使其同时具备专业技术技能和教育教学技能，并形成可复制可推广的师资培训模式。通过培训，塔吉克斯坦技术大学教师已基本掌握相关设备的操作技能，可开展日常教育教学与技能培训。2023 年 4 月和 12 月，天津城市建设管理职业技术学院专业教师赴塔期间为塔吉克斯坦技术大学 15 名专业教师开展短期培训，交流教学情况，解决教学设备使用过程中遇到的问题。工程大地测量学、矿山测量学和制图学教研室讲师对塔吉克斯坦共和国国家级比赛"青年研究员和发明家"在学生指导方面的突出贡献被塔吉克斯坦共和国教育与科学部授予感谢信。为表彰对塔吉克斯坦科学普及作出的重大贡献，给水、供热、供气与通风教研室主任被授予"优秀教育工作者"徽章，给水、供热、供气与通风教研室副教授被授予塔吉克斯坦共和国教育与科学部荣誉勋章。[①]

3. 资源开发情况

　　在塔吉克斯坦鲁班工坊建设过程中，天津城市建设管理职业技术学院以平等合作、因地制宜、优质优先、强能重技和产教融合五个基本原则为出发点，对标国际先进水平与国际职业资格证书要求的国际化专业教学标准，遴选与技能大赛、认证标准和国际通用技术工艺标准对接的实训教学装备，形成了传统纸质与信息

---

① 塔吉克斯坦技术大学官网，https://web.ttu.tj/ru/news/327。

化相互融合的立体化教学资源。

在按照"项目驱动""任务导向"模式,结合课程标准、教学实训、岗位能力等需求,编写中俄双语教材、实训手册,录制双语视频、研发俄语软件等。2022 年,编写出版《城市热能管道安装技术》和《工程测量装备及应用》2 本教材,编写《城市热能管道安装技术工作手册》和《工程测量工作手册》2 本实训手册;开发制作配套教学资源视频 82 个;为便于塔方教学,研发俄语版 GNSS 教学软件 1 套。2023 年,编写出版《暖通空调技术》和《GNSS 定位测量技术》2 本教材,编制《暖通技术工作手册》和《GNSS 定位测量工作手册》2 本实训手册;开发制作配套教学资源视频 42 个。

教材难易适度、深入浅出。通过完成任务,实现教、学、做紧密结合,有助于培养大地测量、管道工程设计、安装和运维等高技能专业人才。教材采用新形态教材形式,关键技术操作以二维码为媒介,学习者可随时扫码以双语视频形式展现,解决了语言障碍和语言赘述的痛点。教学资源整体突出职业教育特点和实践性教育环节,重视理论和实践相结合,体现出理实一体化、模块化教学特色。教材、配套手册和资源已捐赠给塔方,缓解了塔方教材紧缺的现状。

4. 实训基地建设情况

（1）绿色能源实训中心

绿色能源实训中心培养城市供热、燃气、给排水等民生工程技术技能人才,为今后太阳能利用、热泵等新能源和清洁能源技术推广进行人才技能储备。推广风能发电、光伏发电等清洁能源利用,倡导绿色、环保、低碳的生产生活发展理念。经过充分考虑两国教育制度不同点和保证教学过程同步性,绿色能源实训中心整体布局分为理论教学区、技能训练区和工艺设计区三个区域,三个区域的教学布局为实施合作学习的教学形式提供便利。

（2）智能测绘实训中心

智能测绘实训中心主要进行工程测量应用教学。实训中心内有 GNSS 接收机、全站仪、电子经纬仪、数字水准仪、光学水准仪、激光准直仪等仪器装备;有数字测图仿真实验软件、GNSS 测量仿真实验软件、水准测量仿真实验软件;有 SmartGIS Survey 测绘地理信息数据生产平台。这些教学设备和软件为塔吉克斯坦鲁班工坊的师资培训和教学工作奠定了基础。该实训中心分为技能训练、模拟仿真、数据处理三个区域。

（三）项目建设历程

1. 合作筹备期

2021 年 4 月 16 日，欧亚地区六国驻华使节代表团来津访问。代表团一行参观了位于天津海河教育园区内的鲁班工坊建设·体验馆。塔吉克斯坦驻华大使表示对鲁班工坊项目十分感兴趣，希望鲁班工坊尽快在塔吉克斯坦落地。

2021 年 11 月 22 日，天津市教委下发学院承建塔吉克斯坦鲁班工坊建设的信函——《关于建设塔吉克斯坦鲁班工坊的函》。办学主管单位天津能源集团指导联系中油国际管道有限公司，委托其在塔企业——中塔天然气管道有限公司作为前方代表与塔教育和科学部进行接洽并得到回函，明确合作院校为塔吉克斯坦技术大学。经过深入富有成效的协商，塔方提供土木工程与建筑学院校区内 1138 平方米独栋体育馆作为塔吉克斯坦鲁班工坊建设场地，成为首个在没有双方院校实地互访的条件下达成合作共建意愿的鲁班工坊。

2022 年 1 月 4 日，在中塔两国建交 30 周年这一关键节点，天津市城市建设管理职业技术学院与塔吉克斯坦技术大学在线签署塔吉克斯坦鲁班工坊建设合作备忘录。3 月 24 日，按照约定方式，中塔双方共建院校签署《塔吉克斯坦鲁班工坊建设合作协议》。通过与在塔中资企业、商会调研塔吉克斯坦经济社会发展以及技术技能人才需求，结合天津市城市建设管理职业技术学院高水平专业群建设情况，经与塔吉克斯坦技术大学协商确定，将与塔吉克斯坦技术大学专业高度匹配的城市热能应用技术和工程测量技术两个专业作为塔吉克斯坦鲁班工坊建设合作专业。

2. 启动建设期

2022 年 2 月 5 日，习近平主席会见来华出席北京 2022 年冬奥会的塔吉克斯坦总统，提出中方愿"加快建成中亚地区首家鲁班工坊"。为推动塔吉克斯坦鲁班工坊建设项目，组建推进塔吉克斯坦鲁班工坊建设工作专班，建立定期工作例会制度，分析工作进展，综合研判形势，整体部署推动。与教育部、外交部、中塔两国使馆、驻塔中资企业、塔吉克斯坦技术大学保持密切联系。

2022 年 3 月，天津城市建设管理职业技术学院派出赴塔工作组，实地推动塔吉克斯坦鲁班工坊各项建设工作。在调研塔吉克斯坦产业情况以及与塔吉克斯坦技术大学充分沟通的基础上，精选国产教学设备及世界职业技能大赛赛项设备作为塔吉克斯坦鲁班工坊教学实训设备。根据共建专业需求，配备了理论教学设备、实训教学设备及辅助教学设备等，共计 377 套。与国内优质教学设备供应商山东栋梁科技设备有限公司联手中外运跨境运输公司西安分公司，选择途经帕米尔公路的陆路运输路线，共同完成设备集货、关口换装、跨境联运、国际通关等工作，用时 17 天完成了教学设备"门到门"运输通关，中方技术教师团队协助设备安装、启动调试。委托在塔具有分支机构的大型国有企业陕西煤业化工建设（集团）有限公司作为工程总承包企业，从 2022 年 5 月 6 日建设场地开工，至 7 月 31 日场馆建设完成，用时 86 天。8 月 1 日，举行塔吉克斯坦鲁班工坊场馆落成典礼。塔吉克斯坦鲁班工坊专业教师团队开发国际化专业教学标准、双语教材、实训手册以及配套视频资源。8 月 29 日，中方培训团队开展塔吉克斯坦鲁班工坊本土教师培训。11 月 29 日，共建院校举办塔吉克斯坦鲁班工坊启运仪式。

同天，双方共建院校签订《塔吉克斯坦鲁班工坊运营合作协议》，规定共建院校双方组成联合管理委员会，共同制定管理制度，保障规范管理和高质量运营；对场地管理、设备器材维护保养和使用管理、人员管理和信息沟通等作出详细规定。双方共建院校各确定 2 名负责人员，具体做好塔吉克斯坦鲁班工坊运营期间日常信息的沟通联络，塔吉克斯坦技术大学在每年 12 月底前，以工作报告形式将塔吉克斯坦鲁班工坊运营情况及场地、设备、器材的使用情况告知天津市城市建设管理职业技术学院。

塔吉克斯坦鲁班工坊建成后，塔吉克斯坦教育和科学部、塔吉克斯坦技术大学对项目高水准的建设质量给予高度评价，对助力塔吉克斯坦职业技术教育发展的中方合作院校给予高度赞扬。

3. 运营发展期

2023 年 4 月，天津城市建设管理职业技术学院赴塔工作组前往塔吉克斯坦与塔吉克斯坦技术大学开展运营合作交流。双方表示，塔吉克斯坦鲁班工坊建设运营发展受到中塔两国的高度关注和普遍认可。塔吉克斯坦鲁班工坊进入运营发展阶段，中塔共建院校需要在前期良好合作的基础上，以多种措施和交流架构丰富塔吉克斯坦鲁班工坊内涵，真正发挥中亚首家鲁班工坊"旗舰店"作用。塔吉克斯坦技术大学校长表示希望工坊学生能够来华留学，亲身感受中国先进职教成果。双方就举办首届中塔职业教育研讨会，成立塔吉克斯坦鲁班工坊产教协同育人联盟，举办中塔职业技能竞赛、筹划"中国＋中亚五国"学生技能竞赛等方面进行深入交流。会见中国在塔华人华侨联合会负责人和 9 家在塔央企国企负责人，就在塔建立职业技能评价体系，推进中塔职业技能标准、证书互认以及统筹在塔央企国企资源，探索开展订单式、定向式人才培养和员工技术技能培训达成共识。

2022 年和 2023 年连续两年编写出版《城市热能管道安装技术》《工程测量装备及应用》《暖通空调技术》《GNSS 定位测量技术》4 本中俄双语教材，开发制作配套教学资源视频 124 个，研发 GNSS 教学软件 1 套。

天津城市建设管理职业技术学院围绕职业院校国际化发展目标，结合塔吉克斯坦鲁班工坊建设发展实际需求，特邀请知名院校、教育机构的专家学者于 2022 年 10 月 22 日至 23 日开展中青年干部教师国际化素养培训；2023 年 6 月 8 日至 9 日，天津城市建设管理职业技术学院联合北京外国语大学外研培训中心和外语教学与研究出版社，举办 2023 年中塔职业教育合作研修培训。通过培训，有效推进了学院师资队伍国际化能力建设，加速了中青年干部教师队伍的国际化成长，进一步提升了学院国际办学能力和交流影响力。

2023 年 5 月 18 日，习近平主席在西安同来华出席中国—中亚峰会并进行国事访问的塔吉克斯坦总统会谈时强调："要密切人文交流，办好鲁班工坊。"同日发布《中华人民共和国和塔吉克斯坦共和国联合声明》，指出"双方对在塔鲁班工坊工作表示满意"。

2023 年 11 月，天津城市建设管理职业技术学院与塔吉克斯坦技术大学合作建设塔吉克斯坦鲁班工坊，学院报送的"攻坚克难勇毅前行 擦亮鲁班工坊中国名片——塔吉克斯坦鲁班工坊建设的创新探索与实践"入选天津市干部教育培训"三百"工程典型案例，学院塔吉克斯坦鲁班工坊成为天津市委党校干部教育培训现场教学点。

2023 年 12 月 13 日，时值塔吉克斯坦鲁班工坊运营一周年之际，以"深入推进鲁班工坊高质量运营，携手促进中塔职业教育共同发展"为主题，举办首届中塔职业教育论坛。论坛邀请到了中塔两国高校专家学者、行业企业代表围绕塔工坊高质量运营，共同探讨中塔职业教育的发展与创新。论坛推动中塔职业教育领域的深层次合作，为职普融通、产教融合、科教融汇国际化合作赋能助力。中塔职业教育论坛已形成定期举办机制，每年召开一次，分享中塔职教领域新理念和新成果，服务中塔产能合作和"一带一路"建设。

结合各方新闻报道和汇总信息，塔吉克斯坦鲁班工坊建设工作专班编辑形成塔吉克斯坦鲁班工坊简报，分为塔吉克斯坦政治、经济、社会、文化情况和中塔各领域交流情况以及塔吉克斯坦鲁班工坊运营进展情况，为上级部门、科研院所、中资企业提供投资和信息参考。

四、建设成效与创新点

（一）建设成效

1. 人才培养成效显著

塔吉克斯坦鲁班工坊建成首年，塔吉克斯坦技术大学安排 25 名硕士研究生，4 个本科专业、15 个班级、300 余名学生在工坊内开展学习；启运一年来，塔吉克斯坦技术大学大地测量和制图学等 5 个测量相关专业，新能源等 5 个热能专业的本科生、研究生，共 1300 余名学生在塔吉克斯坦鲁班工坊接受理论学习和实操培训，较启运初受益学生人数增长近 3 倍。

在塔吉克斯坦鲁班工坊学习的塔吉克斯坦技术大学测绘相关专业学生在塔吉克斯坦国内相关比赛中斩获多个奖项。塔吉克斯坦鲁班工坊共建专业 7 名学生在塔吉克斯坦"科学–知识之光"竞赛上获奖，其中 1 名学生获得一等奖，3 名学生获得二等奖，3 名学生获得三等奖。供气、供热与通风系统专业三年级学生在塔吉克斯坦国家级"青年研究员和发明家"竞赛中获得"发明与创新"二等奖。

塔吉克斯坦技术大学土木工程和建筑系工程大地测量学、大地测量学与制图学教研室自 2019 年起本已不再招收研究生，2023 年在塔吉克斯坦鲁班工坊现代化教学设备和先进师资的帮助下，恢复全日制硕士研究生招生，截至 2023 年 12 月，有 7 名硕士生在大地测量与制图学专业学习。

2. 产教融合不断深化

精选国产教学设备及世界职业技能大赛赛项设备作为塔吉克斯坦鲁班工坊教学实训设备。由于设备改进，教学难度大幅降低，原本大学二年级才能开设的测绘课程，现在一年级也可以开设。在优选先进设备的加持下，鲁班工坊共建专业教研室与塔国建设和建筑委员会合作，依托鲁班工坊，利用现代大地测量仪器，开设高素质工程技术人员高级培训课程，而且目前鲁班工坊的大地测量仪器应用于塔吉克斯坦山区高速公路和桥梁的勘测和建设，说明输出的仪器装备与当地产业融合良好。[①]

天津城市建设管理职业技术学院已与中国石油管道局工程有限公司塔吉克斯坦分公司、帕鲁特有限责任公司、中铁十九局集团有限公司塔吉克斯坦分公司等 10 余家在塔中资企业签署《塔工坊产教协同育人联盟战略合作框架协议》，面向在塔中资企业开展定向培养，对企业在职人员开展中、短期职业技能培训，企业

---

① 资料来源：根据首届中塔职业教育论坛上塔方代表发言整理。

为塔吉克斯坦鲁班工坊学生提供实训岗位和就业机会。随着塔吉克斯坦鲁班工坊影响力提升，中资企业开始主动联系工坊，希望接收塔吉克斯坦鲁班工坊毕业生。

3. 教学科研成果丰硕

教学中引入虚拟仿真，是信息化时代新型教学模式的创新，是"智能＋测绘"的重要探索，有利于推动教学模式向自主体验升级，打造自主探究、协作学习的沉浸式新课堂，是深化测绘类及相关专业教学改革的重要举措。

"GNSS 测量技术""居住建筑室内设计"两门课程获批 2023 年天津市职业教育一流核心课程（线下课程），智能测绘国际化教学资源获批天津市具有国际影响力的职业教育教学资源，成功申报天津市鲁班工坊研究与推广中心一般课题 1 项（《塔吉克斯坦鲁班工坊教学资源开发适应性研究》）。塔吉克斯坦鲁班工坊智能测绘实训中心建设过程中与企业（广州南方测绘科技股份有限公司）合作开发的鲁班工坊 RTK 仿真实验软件、鲁班工坊数字测图仿真实验软件、鲁班工坊水准测量仿真实验软件 3 款虚拟仿真实验软件和鲁班工坊基础地理信息数据生产软件已成功申报软件著作权，可广泛应用于测绘地理信息相关专业课程实训，以及基础地理信息数据生产等方面。

城市热能应用技术专业的《城市热能应用技术专业国际化专业教学标准》，被收录进天津市教委职业教育国际化专业教学标准《引领与示范——天津职业教育国际化专业教学标准建设》进行推广。共建专业开发 4 门国际化课程：供燃气课、供暖课、供热和供水课、供暖气和通风系统运行课。建筑工程技术专业开发 3 门国际化课程：建筑技术的基础知识概论课、设计与规范文件课、施工方案课。

4. 产生广泛社会影响

塔吉克斯坦鲁班工坊建成启运以来，受到中塔两国各界和国内主流媒体的广泛关注，国内中央广播电视总台、《人民日报》、新华社、中新社等多家主流媒体，国外阿维斯塔通讯社、Asian Plus 等媒体对塔吉克斯坦鲁班工坊促进中塔人文交流和技术技能融通等进行 150 余次报道。一位塔吉克斯坦总统国家行政学院教授表示，塔国推动工业化转型，需要大量高素质人才，鲁班工坊为塔吉克斯坦人才培养发挥了重要作用。《携手构建人类命运共同体：中国的倡议与行动》白皮书指出：鲁班工坊帮助塔吉克斯坦等国家年轻人掌握了职业技能，健康、绿色、数字、创新等领域合作蓬勃发展。

2023 年 4 月，塔教育和科学部第一副部长向天津城市建设管理职业技术学院项目负责人颁发"塔中文化教育交流特别贡献奖"，并表示塔吉克斯坦鲁班工坊是中亚首个鲁班工坊,影响深远,也是中塔两国职业教育领域第一个合作项目,将持续关注支持塔吉克斯坦鲁班工坊的运营发展。

(二)创新点

1. 多种联合培养模式

天津城市建设管理职业技术学院、天津城建大学与塔吉克斯坦技术大学签署共建鲁班工坊联合培养合作协议,依托鲁班工坊打通专本硕贯通的国际化合作新机制。三校决定采用"2+2"培养模式,在鲁班工坊学习的塔吉克斯坦技术大学学生,经天津城市建设管理职业技术学院审核推荐,由天津城建大学录取进行联合培养,颁发塔吉克斯坦技术大学和天津城建大学的毕业证和学位证。符合要求的毕业生可申请天津城建大学的硕士学位项目,继续深造。联合培养项目计划每年培养 20 名塔吉克斯坦鲁班工坊留学生。

2. 教学资源适应性开发

天津城市建设管理职业技术学院与广州南方测绘科技股份有限公司打造 GNSS 数据处理软件全俄文版,实现国产测量绘图工具软件全俄文化,应用于测绘制图和数据化处理教学。之前塔国测绘点运算只能通过人工进行,俄文版软件实现了全自动化辅助运算,操作简便,容易上手。俄文版软件利于师资培训和教学实施,同时服务于塔吉克斯坦国家生产,为大规模推广创造了条件。

3. 依托鲁班工坊开展重要活动

在建设定位上,除了教学功能外,承担国际交流、国际研讨会等也是鲁班工坊的重要功能。塔吉克斯坦技术大学将重要嘉宾来访、科学实践会议、扩大综合学术会议等安排在鲁班工坊内举行,使鲁班工坊成为对外展示窗口,扩大项目影响力。集学历教育、职业培训、技能竞赛、国际会议、社会服务等功能于一身的塔吉克斯坦鲁班工坊已成为塔吉克斯坦乃至中亚、俄罗斯等地区了解中国先进设备、职教技术的新高地。

五、未来规划

(一)推动专本硕贯通联合培养体系

实现鲁班工坊的内涵式发展,关键在于实现专、本、硕各教育阶段由低到高质量逐步的转变与提升,实现鲁班工坊内部结构的逐层优化,从而实现鲁班工坊设立的职业培训、学历教育和留学生教育等不同教育类型教学质量的提升。

在塔吉克斯坦鲁班工坊的持续运行中，将继续推动与天津城建大学和塔吉克斯坦技术大学联合培养鲁班工坊留学生，构建集职业性、适应性、实践性、文化性四性一体的贯通目标创新体系，加快为塔吉克斯坦培养具有先进职业教育精神、综合职业能力、创新创业意识的人才，提高当地的职业教育水平，为在塔中资企业输送更多符合要求的技术技能人才。未来，借助鲁班工坊的平台，更多塔国青年能够来天津学习先进职业技术，加强中塔双方师生交流互访，开发职业院校教师和学生海外实践拓展项目，为职业院校学生提供学历上升通道。

（二）开展社会培训

充分挖掘鲁班工坊"学历职业教育＋技术技能培训"功能，综合塔吉克斯坦技术大学依托塔吉克斯坦鲁班工坊在开展课程融入、学历教育运行良好的基础上，结合中资企业商会、华人华侨联合会、中色国际矿业、中建新疆建工、湖南路桥等央企国企承担塔国工程建设降低用工成本，迫切希望能够扩大本土化员工技术技能培训的需要，特别是对接中亚天然气 D 线施工需求，在工程测量技术、城市热能应用技术专业合作基础上，拓展焊接自动化、建筑、施工等领域的技术技能培训。在学院申报的 13 个职业工种技能等级鉴定和 13 个教育部"1+X"证书制度试点基础上，与塔吉克斯坦技术大学协调对接塔劳动和社会保障部，逐步推进中塔职业技能培训标准、证书互认。

（三）搭建中塔职教合作平台

充分发挥鲁班工坊平台作用，共建共创鲁班工坊国际化人才培养新机制。以塔吉克斯坦鲁班工坊产教协同育人联盟为载体，开辟学生实习、就业和塔校教师企业实践通道，拓展技术技能培训领域，进一步发挥鲁班工坊平台社会服务功能，校企携手提升办学成果及社会影响力。进一步开展进阶式师资培训，加强双方人文交流；开发相关课程资源、出版课程教材和申报相关知识产权。后续还将拓展包括职业教育的学历培养与提升就业能力的技术技能培训、职教师资的培养培训与企业人员的技能培育、国际交流合作的平台与校企交流合作的渠道、技能评比与人才选拔、资历认定与资格鉴定、举办国际赛项、学术研讨等多项内容。

（四）深化项目建设

结合塔国产业需求，新增购置设备投入鲁班工坊培训；塔吉克斯坦鲁班工坊经过一年多的运营，与在塔中资企业建立了深入联系。但中资企业经营方向不同，需要的职业技术人才多样，塔吉克斯坦鲁班工坊目前的核心专业——大地测量与制图学和供气供暖及空调系统能够满足部分需求，还需通过调研与协商，在核心专业基础上拓展相关专业，开展师资培训，以期后续塔方师资能够独立为企业员工开展培训。天津城市建设管理职业技术学院将结合企业要求，拓展相关专业师资和学生培养，弥补人才培养与市场需求的缺口；根据中色国际矿业、中建新疆建工、湖南路桥等央企国企承担塔国工程建设降低用工成本，迫切希望能够扩大本土化员工技术技能培训的需要，特别是对接中亚天然气 D 线施工需求，在共建专业基础上，拓展焊接自动化、建筑、施工等领域的技术技能培训，服务中资企业海外发展。

第六章 俄罗斯鲁班工坊建设与发展报告

俄罗斯鲁班工坊由天津电子信息职业技术学院、莫斯科国立通讯与信息技术大学合作共建，建设专业为现代通信技术专业和计算机网络技术专业，坐落于美丽的莫斯科市莫斯科国立通讯与信息技术大学校园内。俄罗斯鲁班工坊于 2020 年 9 月 28 日举行"云签约"仪式，2022 年 11 月被认定为鲁班工坊运营项目。俄罗斯鲁班工坊以鲁班工坊品牌为依托，为俄罗斯第五代移动通信技术（5G）领域培养技术技能人才，为促进两国人文交往、多元合作提供更加广阔的平台。俄罗斯鲁班工坊的建成是服务"一带一路"建设、推动优质职业教育面向国际的重要举措，标志着中俄 5G 领域合作、教育合作掀开新篇章。

第一节 俄罗斯的社会经济与教育情况概述

一、社会经济情况概述

俄罗斯横跨欧亚大陆，总面积 1709.82 万平方公里，周边有 14 个国家。截至 2023 年 4 月，俄罗斯总人口约为 1.46 亿人，首都为莫斯科，共有 194 个民族，以俄罗斯族为主。大多信奉东正教，官方语言为俄语。

2021 年，俄罗斯国内生产总值为 131 万亿卢布（按年均汇率 1 美元 =73.65 卢布计算，约合 1.8 万亿美元），涨幅 4.7%。俄罗斯国内生产总值 2022 年同比减少 2.1%。截至 2023 年 4 月 14 日，俄罗斯的国际储备为 6002 亿美元。

二、教育情况概述

俄罗斯教育体系分为学前教育、普通教育和职业教育。职业教育则涵盖初等职业教育、中等职业教育、高等职业教育和大学后续职业教育 4 个层次。

（一）俄罗斯初等职业教育与中等职业教育

20 世纪末 21 世纪初，苏联后期和俄罗斯的普通高中和初等职业技术学校是分流的。

20 世纪 90 年代到 21 世纪初，初等职业教育有所恢复和发展，招生人数较为稳定（1995 年为 92.8 万人，2000 年为 84.5 万人）。

根据《俄联邦教育法》于 2014 年废除了初等职业教育机构，将其与中等职业技术教育机构合并，成立中等职业技术学院。9 年级、11 年级毕业生以及成年人均可进入中等职业技术学院，毕业后获得文凭可以免试进入高等职业教育机构深造。

（二）俄罗斯高等教育（含高等职业教育）

现代教育制度起源于苏联早期。苏联的高等教育学制为 5 年，学生毕业后可获得专家职称，此时的教育对所有人都是免费的。

1996 年颁布的《高等及大学后续职业教育法》（1996 年 8 月）对高等职业教育的层次进行了规范。俄罗斯于 2003 年引入博洛尼亚教育体系。

目前，俄罗斯高等职业教育分为三个层次：①学制 4 年的本科，授学士学位；②学制 5 年，授相应专业职业资格证书；③学制 6 年的硕士，授硕士学位。大学后续职业教育为研究生阶段，即副博士研究生和博士研究生，学制均为 3 年。通过论文答辩（毕业设计）者，获得副博士（Ph.D.）和博士（D.S., Doctor of Science）学位。

博洛尼亚体系的特点是学生可以自主选择未来工作所需的科目。博洛尼亚体系允许学生根据自己的意愿转学，即使是在其他国家。

对职业教育的重视程度，首先反映在俄罗斯联邦科学教育部发布的《2013—2018 年工作计划》中。保障职业教育质量被列为重点工作目标之一，包括：在计划期限内，使 8 所高校进入世界级名校前 200 名；让 49% 年龄在 25—65 岁的从业人员获得职业技能提高培训或再培训机会；建立多功能应用人才培训中心，2013 年建立 42 个，2018 年增至 250 个。

2022 年 4 月 11 日，俄罗斯决定退出博洛尼亚体系。俄罗斯计划建立一个高等教育体系，将专业教育和两级教育形式结合起来。

根据构想，该项目将引入基础高等教育（学习时间为 4—6 年）和专业高等教育（学习时间为 1—3 年）。根据新的标准，第一级基础教育无需完成硕士学位即可从事专业工作。

第二节 中国与俄罗斯两国经济教育合作情况

一、中国与俄罗斯两国经济合作情况

俄罗斯是联合国安理会常任理事国，共建"一带一路"重要国家。俄罗斯横跨欧亚大陆，东西分别连接亚太和西欧，是世界上国土面积最辽阔的国家。首都莫斯科是俄罗斯政治、经济、文化中心，也是欧洲最大的城市。长期以来，中俄两国是山水相连的友好邻邦。中俄两国于 1949 年 10 月 2 日建交，1992 年苏联解体后，中俄两国关系得到了及时而良好的继承。俄罗斯与中国合作形式多样，如20 国集团、金砖国家、东亚峰会、世界贸易组织、上海合作组织等多边合作组织。2014 年，中俄成功建立一系列合作机制，包括中俄执法安全合作等。俄罗斯同时是中蒙俄经济走廊的重要战略合作国家。一直以来，中俄关系属最重要的大国关系之一，具有重大的地区和全球影响力。

2019 年 6 月 7 日，第二十三届圣彼得堡国际经济论坛全会在圣彼得堡举行。中国国家主席习近平、俄罗斯总统普京、保加利亚总统拉德夫、亚美尼亚总理帕希尼扬、斯洛伐克总理佩列格里尼、联合国秘书长古特雷斯等出席。习近平主席发表题为"坚持可持续发展 共创繁荣美好世界"的致辞，习近平主席和普京总统达成共建"一带一路"同欧亚经济联盟对接共识。同时，共建"一带一路"同普京总统倡议的大欧亚伙伴关系理念相通，两大倡议可以相互支持、相互促进，并行不悖。相信这将有力推动区域经济融合，有利于实现共同的可持续发展。在致辞中，习近平主席还提到中方愿同各国分享包括 5G 技术在内的最新科研成果，共同培育新的核心竞争力，转变经济增长模式。在习近平主席访问期间，中俄签署5G 项目合作伙伴协议，向国际社会传递了积极信息。

二、中国与俄罗斯两国教育合作情况

中国与俄罗斯（以下简称"中俄"）两国教育交流有着良好的历史传统，近年来两国语言合作与双向留学继续发展，多层次与类别的合作办学与科研体系取得了实质性进展，合作领域由高等教育向基础教育延伸，并借助国际合作机制推动双边教育合作。当前俄罗斯与国际教育合作体系脱钩，给中俄教育合作带来了新的挑战与机遇。两国可更加深入地优化教育互动模式，将合作覆盖到全学段，发挥多元主体作用，推进教育合作取得实质性的发展。

中俄教育合作历史悠久，在两国政府的支持下，已经建立起包括中俄人文合作委员会、中俄教育合作分委会在内的双边互动机制，并在上海合作组织成员国教育部长会议、金砖国家教育部长会议等国际教育合作框架下积极开展多边合作。随着中国"一带一路"建设的深入推进，中俄两国在经贸往来和人文交流等方面的合作进入新阶段。2019 年 6 月，中俄两国首脑签订《中华人民共和国和俄罗斯联邦关于发展新时代全面战略协作伙伴关系的联合声明》。2021 年 6 月，中俄两国首脑正式宣布《中俄睦邻友好合作条约》延期，两国的互动协作水平不断提升。作为中俄双边及国际多边合作的重要组成部分，中俄教育合作迎来了新的发展机遇。

三、俄罗斯 5G 技术现状与华为在俄罗斯发展现状

从 2018 年、2019 年的《全球 5G 竞速报告》可以看出，我国在 5G 方面的投入与产出强于俄罗斯，这也是 5G 技术面向国际的前提条件，围绕 5G，中俄院校双方在通信技术和计算机网络技术方向进行深入交流与合作，俄罗斯本身在通信技术与计算机网络技术方面有很强的技术实力，针对核心技术有大量自主知识产权，先进性在全球位于前列。

2023 年，华为在俄罗斯智能手机市场与平板的份额均位于前三。华为在俄罗斯的智能手机和通信设备领域都推出了先进的 5G 技术解决方案。同时，俄罗斯政府选择与华为合作，计划到 2024 年将华为建设的 5G 网络覆盖到所有人口超过 100 万的城市。

第三节 项目建设与发展

俄罗斯鲁班工坊由天津电子信息职业技术学院、莫斯科国立通讯与信息技术大学、华为技术有限公司共同在俄罗斯建立。

一、合作双方学校简介

（一）天津电子信息职业技术学院

天津市电子信息职业技术学校于 2001 年开始开办普通高等职业教育至今，于 2005 年以良好表现通过了高职高专人才培养计划的质量考核；2008 年，被评为全国示范性高职学院创建单位；2011 年，以优异表现通过了全国示范性高职

学院评估；2019 年，获批成为中国特色高水平专业群建设单位。2008 年、2014 年、2018 年获得三届国家级教学成果奖。依托天津优势产业电子信息产业，以及上级单位中环集团的大型国有企业背景优势，经过多年不断建设，天津电子信息职业技术学院进行了院系布局升级工作，全面优化了专业布局、师资结构，打造了 5G 通信网络、AI 数字软件、数字设计、智能制造、现代智能管理服务 5 个适应信息技术升级、动态培养、特色鲜明的专业群。

（二）莫斯科国立通讯与信息技术大学

该校建于 1921 年，是俄罗斯通信、信息技术、网络安全、电视、无线电技术和数字经济教育领域的一流大学，为俄罗斯联邦通信局下属单位。学校有 5 个学院，共拥有 40 个系、专业发展研究所以及非全日制和远程教育中心。建有 8 个先进技术中心，包括量子通信、机器人、人工智能、AR 和 VR 技术、无线电监测。学校拥有自己的研发中心和超级计算机。每年有 1.3 万多名学生在该校及其分校学习，其中 500 多名是来自包括中国在内的 50 个国家的留学生。学校拥有 500 名教师，370 名博士和博士学位申请人；3 名院士和俄罗斯科学院通讯会员，参与多项国家项目和州项目。具有深度合作关系的国内外知名公司有俄罗斯通信公司、诺基亚、华为等 10 余家，俄罗斯鲁班工坊共建企业华为在该校建有 ICT（信息与通信）学院。该大学在俄罗斯的下诺夫哥罗德市和罗斯托夫市设有两所分校。QS 世界大学排名位列俄罗斯区域内第 7 位，全球排名第 392 位。

二、合作企业介绍

华为技术有限公司于 1987 年成立，是由员工持有全部股份的一家民营企业，是全球领先的 ICT 基础设施和智能终端提供商，业务遍及全球多个国家和地区，构建万物互联的智能世界，努力把数字世界带给每个人、每个家庭、每个组织。在智能终端、IT、通信网络和云服务等领域提供给客户坚实的竞争力，与生态伙伴开放合作，持续为客户创造价值，释放个人潜能，丰富家庭生活，激发组织创新。华为坚持以客户需求为目标推进持续创新，加大对基础研究的投入，实现量变到质变的积累，从而推动世界进步。在俄罗斯鲁班工坊建设过程中，华为与天津电子信息职业技术学院共同商讨，积极提供各种鲁班工坊实训环境建设方案，在工坊设备安装调试过程中，华为派出驻俄方相关技术人员全程协助设备安装调试；在师资培训过程中，华为和天津电子信息职业技术学院教师共同合作，对俄方教师进行培训；在后续双语教材开发过程中，华为与天津电子信息职业技术学院教师共同合作，制定双语教材编写方案，将华为先进的 5G 移动通信技术融入双语教材中。同时，中俄两校整合鲁班工坊 5G 教学资源，与华为共同启动"欧亚 5G 培训"计划，为来自欧亚大陆国家的大学实施 5G 培训。

三、项目建设情况

（一）发展定位与建设思路

1. 发展定位

俄罗斯鲁班工坊是落实天津市委、市政府加快建设鲁班工坊决策部署的具体举措。俄罗斯鲁班工坊致力于服务"一带一路"建设，通过开展学历教育和职业培训，为俄罗斯培养熟悉中国移动通信技术、标准、产品的本土化人才。工坊体现现代通信与应用结合、软硬件结合，在诠释"工程"课程概念的同时延伸和扩展了"创新"教学的理念，使学生的知识内涵以及老师的讲解方法都具有了崭新的意义，从而真正注重学生综合素养的训练。

2. 建设思路

为服务国家发展战略、服务中国职教出海战略，天津电子信息职业技术学院积极承建俄罗斯鲁班工坊，与行业龙头华为协力推进中国 5G 通信技术融入俄方职教体系，引领示范世界技能职业标准 WSOS 等高水平国际化标准建设，打造国际一流职业教育教学资源，并以工坊为支点辐射欧亚地区，成为 5G 国际驿站。俄罗斯鲁班工坊建设方向为通信技术及计算机网络技术，是天津电子信息职业技术学院"双高"建设专业群内重点专业，是我国"双高"建设成果第一次辐射联合国安理会常任理事国。同时针对俄方合作院校兼具高职和本科的人才培养功能，确定俄罗斯鲁班工坊服务面向俄方高职和本科学历层次教育，全面对接我国"高职本科贯通"的职业教育培养体系。华为技术有限公司目前引领全球 5G 发展，在签署俄罗斯 5G 项目合作之后，俄罗斯鲁班工坊建设是华为公司在俄罗斯的重点布局项目。

（二）重点建设内容

1. 专业建设

（1）现代通信技术专业

以天津的工程实践创新项目（EPIP）教学理念为指导，同时吸收发达国家

OBE、DACUM、学习领域等课程设计方法，与我国"岗课赛证融通"高技能人才培养模式相融合，围绕当前通信行业的工作性质与职业能力要求和"一带一路""走出去"企业实际人才需要，培养复合型创新型技术技能人才。这些复合型创新型技术技能人才应该具有一定的科学文化水平、人文素养、创新意识和工匠精神；具有一定的国际视野，通晓国际通用规则，具备跨文化交流与合作能力，就业能力和可持续发展能力；可以主动对接国内外移动通信行业发展需求，具备 5G 移动网络开通及运维与管理、5G 无线网络测试与优化、电信工程施工与监理、电信工程勘察与设计等知识和技术技能。

（2）计算机网络技术专业

面向国内外新一代信息技术产业所属软件和信息技术服务业、互联网和相关服务业等行业发展需求，培养能够从事网络空间构建实施、服务优化管理、安全部署与攻击防范等工作，面向网络系统部署运维与集成、网络售前（后）技术支持和应用开发岗位以及云计算运营、物联网调试维护、大数据智能化基础岗位工作，掌握国际先进技术和应用能力的复合型创新型技术技能人才。

2. 师资培训情况

联合华为在 5G、传输网、物联网、网络安全等专题为俄方教师开展 5 次定制化师资培训，累计培训 702 人次、600 学时。线上培训共计 80 天，教师均取得华为高级专业技术证书。线下培训共计 2 周，促进俄方教师专业素养和实践能力显著提升，为鲁班工坊提供技术支撑和人才保障。网络方向信息安全技术应用专业师生与俄方师生组成中俄师生团队，"信创"赛项获首届世界职业院校技能大赛金牌。

3. 资源开发情况

中俄教师团队与华为基于鲁班工坊国产华为通信设备以及华为 5G 方向国际认证体系 HCIA-5G-RNP&RNO 和 HCIP-5G-RNP&RNO，校企共同设计了平台资源底层共享、专业资源中层分立、模块资源高层互选的三级架构数字化 5G 移动通信技术课程资源，共开发 6 门核心课程教学标准和工作手册式教材及相关教学资源 163 个，这些资源入选市级具有国际影响力的职业教育资源并被推荐国家级。

4. 实训基地建设情况

根据与莫斯科国立通讯与信息技术大学达成的初步意向，莫斯科国立通讯与信息技术大学提供鲁班工坊建设场地。区域面积 800 平方米左右。

按照实际场地情况，功能布局分为 5 大部分：5G 物理网络搭建区、5G 基础网络搭建区、5G 传输网络搭建区、5G 应用综合实训区、空中课堂教学区。

（1）5G 物理网络搭建区

根据俄方原有建设基础和俄方的建设意愿，鲁班工坊构建 5G 物理网络搭建区，主要依托采用了中国技术、中国标准、中国设备的世界技能大赛"信息网络布线赛项"，打造 2 组 5G 物理网络搭建实训场地，最多可供 16 人同时进行实训。

（2）5G 基础网络搭建区

在俄方原有技术模块的基础上，建设 6 组 5G 基础网络设备和 5G 网络安全相关设备，最多可供 36 人同时使用，针对培养在 NSA 组网过程中所使用的路由技术、交换技术及安全相关技术，并将华为认证体系和国内"1+X"证书体系融入其中，系统化培养俄方所需的 5G 技术技能人才。

（3）5G 传输网络搭建区

与 5G 基础网络搭建区类似，基于 NSA 组网架构设计了 5G 传输网络搭建区，此区域为俄方提供了 1 组可向 5G 演进的 LTE 技术设备及 2 组面向不同应用策略的传输承载网设备，最多可供 12 人同时使用，全面培养俄方 5G 传输网方面技术人才，并应对俄方未来的不同策略选择。

（4）5G 应用综合实训区

俄罗斯鲁班工坊的 5G 综合应用实践区聚焦个人消费者、公共基础设施、智慧家庭、车联网等 5G 典型应用，选择"1+2+1"的物联网建设方案，即 1 个开源物联网操作系统；2 种网络接入方式，如工业物联网关与智慧家庭网关和 eLTE/NB-IoT/5G 等接入方式；1 个统一开放的物联网联接管理平台。采用 5 组相应系统，最多可供 10 人同时学习，为俄方 5G 广泛推广后，5G 应用领域培养更多技术技能人才。

（5）空中课堂教学区

俄罗斯鲁班工坊空中课堂，根据俄方实际情况，结合俄罗斯鲁班工坊建设思路，计划投入 1 组远程会议系统，能够为中俄双方在线上进行交流、沟通、会议、授课提供便捷。预计建设能够满足 20 人在线学习的空中课堂教学区。

（三）项目推进历程

1. 合作筹备期

2019 年 3 月，天津电子信息职业技术学院确定俄罗斯鲁班工坊的建设意向。

2019年3月至8月，通过多方调研，遴选出俄罗斯鲁班工坊建设院校。2019年7月，由学院副院长带队出访俄罗斯考察。2019年7月，天津电子信息职业技术学院成立鲁班工坊项目工作小组。2019年9月，与俄方签署谅解备忘录（MOU）。2020年9月28日，学院与俄罗斯莫斯科国立通讯与信息技术大学合作共建的俄罗斯鲁班工坊项目"云签约"仪式隆重举行。

2. 启动建设期

2020年10月至2021年2月，俄罗斯鲁班工坊教学设备和空中课堂教学设备经过调研和专家论证，相继完成招标和生产。2021年3月，完成教学设备的国内培训与验收。2021年1月至7月，先后完成俄罗斯鲁班工坊装修和装饰物的设计、招标采购及制作。2021年11月，完成俄罗斯鲁班工坊教学场地装饰装修，全部教学设备启运至俄罗斯。2021年12月，抵达俄罗斯鲁班工坊实训基地。受外部环境影响，天津电子信息职业技术学院更改俄罗斯鲁班工坊师资培训方案为网络培训。2021年至2023年，进行了4期共80天的在线师资培训，2023年12月进行了1期为期两周的线下培训，涉及5G、物联网、网络安全等专题。

3. 运营发展期

2022年11月，依据《鲁班工坊建设规程》《鲁班工坊运营项目认定标准（试行）》，按照认定工作程序，经中国教育国际交流协会认定，并经鲁班工坊建设联盟理事会审议通过，天津电子信息职业技术学院与俄罗斯莫斯科国立通讯与信息技术大学合作项目被认定为鲁班工坊运营项目。2022年12月，公开出版《5G网络组建、运维与管理》《5G网络规划与优化》2本双语教材。2023年10月，天津电子信息职业技术学院出访莫斯科国立通讯与信息技术大学，对接世界技能大赛标准，整合5G教学资源，优化网络安全相关专业实训资源，完善专业课程技能培训体系，全面提升中外学生专业技能和综合素质。2023年10月至11月，线下完成了俄罗斯鲁班工坊第五期EPIP师资培训，不仅开展了5G、网络、物联网等技术方向的专业培训，还组织了鲁班工坊专家讲座、校企参观、专业座谈等系列活动。2023年11月，"一带一路"背景下中俄教育交流合作与深化鲁班工坊建设研讨会在天津电子信息职业技术学院召开，研讨会聚焦"创新数智力量，绘就职教未来"主题，探讨职业教育的国际化发展趋势，进一步促进了俄罗斯鲁班工坊高质量发展和建设成果转化。

莫斯科国立通讯与信息技术大学校长与天津电子信息职业技术学院校长共

同签署了深化俄罗斯鲁班工坊高质量发展协议，旨在共享教育发展成果，服务中国与俄罗斯间的国际产能合作与国际交流发展。此次协议的签署标志着两校在职业教育领域的合作将进入一个高质量发展的全新阶段。

四、成效及创新点

（一）建设成效

1. 共建共享鲁班工坊，实现教师专业、科研水平双提升

5G 教学资源，是天津电子信息职业技术学院与华为、唯康教育等企业共同开发的现代通信技术和计算机网络技术课程标准及与课程标准配套的国际化教学资源。学校依托国际化合作项目将 5G 技术相关专业教学资源在国外推广应用，助推学校"双高"专业群国际化资源服务俄罗斯鲁班工坊。

"关于俄罗斯联邦 2017—2030 年信息社会发展战略"指出，俄罗斯政府将 5G 列为国家重点发展方向。以服务发展为目标，基于俄罗斯 5G 产业发展战略，依托华为 5G 移动通信技术，天津电子信息职业技术学院将 5G 教学资源应用于莫斯科国立通讯与信息技术大学网络信息系 5G 技术相关专业建设，与该校共同建设俄罗斯鲁班工坊。当前，俄罗斯鲁班工坊场地区域面积 800 平方米，教学实训设备 302 台套，可同时供 400 名学生学习培训使用。

自 2020 年以来，根据俄方学校 5G 相关专业建设需要，天津电子信息职业技术学院以现代通信技术专业和计算机网络技术专业为主，在课件、动画等方面对资源进行提升改造，并将 5G 教学资源应用于鲁班工坊师资培训。3 年来，天津电子信息职业技术学院为俄方专业教师开展 5 期 5G 相关专业师资培训，培训量级达 3360 人日，提升了俄方学校网络信息系 4 个专业教师 5G 领域理论知识水平和技术能力。近年来，俄方学校网络信息系专业教师共发表传输网、5G、网络配置等专题相关的高水平专业学术论文 8 篇，均收录于俄罗斯国家图书馆。

2. 服务国际产能合作，鲁班工坊人才助力经济发展

5G 教学资源在国内应用基础良好，现代通信技术专业是国家示范性高等职业院校重点建设专业、计算机网络技术专业是国家示范性高等职业院校重点建设专业及"双高"专业群专业。两个专业承担"双高"专业群建设任务，在"双高"项目资金支持下，所有专业核心课资源已上线国家级平台。5 年来，平台资源辐射校内 9 个信息类专业，学员使用量级达 20 万人时。平台资源是 5G 领域

中英双语资源，不仅在中国学生中使用，而且也广泛应用于国内国际学生培养及外向型企业人才培训。

为适应数字技术快速发展新形势，天津电子信息职业技术学院着力推进"双高"专业群相关专业教学资源建设。在5G教学资源建设过程中，将互联网思维和信息技术运用贯穿教学资源建设，以数字化为教学资源赋能，聚焦"能学、辅教、促改"功能，开展专业资源库、精品在线开放课程建设。近年来，天津电子信息职业技术学院5G教学资源相关"双高"专业群专业在国家级、市级数字化资源项目建设中屡获佳绩。建成1个国家级教学资源库、1门国家级在线精品课程、1个市级教学资源库，为国内通信和网络技术高技能人才的培养和构建终身学习体系搭建公共平台，有效促进通信和网络行业、产业发展。

天津电子信息职业技术学院联合华为等领军企业发挥校企双方5G技术资源优势，依托鲁班工坊等合作项目，在人才培养、课程研发、师资培养等方面展开深入合作，建设"5G+数字化人才产教融合基地"，为培养5G数字化、国际化高水平应用型人才搭建服务平台。

为助力产教融合，服务国际产能合作，天津电子信息职业技术学院充分发挥5G教学资源优势，联合华为及俄方学校，结合俄罗斯本土企业及社会需求，针对不同专业培养计划，助力俄方学校开展学历教育和职业技能培训。俄方学校电信环境、通信网络与交换系统、多渠道电信系统、信息通信4个专业的300名学生从中受益。2020年以来，每年均有数十名优秀学生在"俄罗斯维尔琴科信息与电脑安全奥林匹克大赛""华为杯"等年度专业竞赛中屡创佳绩，培养了大量信息与通信技术领域高素质技术技能人才，解决俄方5G方面技术技能人才需求。

3. 辐射欧亚地区，打造5G技术国际驿站

随着5G新基建的到来，天津电子信息职业技术学院结合全球5G产业发展状况，立足5G产业生态，持续加强现代通信技术专业建设，中俄两校整合鲁班工坊5G教学资源，与华为共同启动"欧亚5G培训"计划，为来自欧亚大陆国家的大学实施5G培训。截至2021年底，已有6000名学生在欧亚大陆的25个城市和35所大学参加了培训，300名学生获得了华为认证证书。同时，天津电子信息职业技术学院现代通信技术专业成果显著，团队教师指导学生参加世界级、国家级、省市级专业技能竞赛，获奖50余人次，其中获世界级和国家级大赛一等奖10余人次，1名学生入选世界技能大赛中国集训队，17名

学生保送本科深造。俄罗斯鲁班工坊成为立足俄罗斯辐射欧亚地区的首个 5G 技术国际驿站。

4. 中俄师生强强联合，大赛成果累累

为深入对接中俄双方院校需求，天津电子信息职业技术学院委派 5 人出访莫斯科国立通讯与信息技术大学，对接世界技能大赛标准，整合 5G 教学资源，优化网络安全相关专业实训资源，完善专业课程技能培训体系，全面提升中外学生专业技能和综合素质。2022 年 8 月，中俄双方学校师生组成"手拉手"混合编队，在首届世界职业院校技能大赛中获得"信息技术应用创新"赛项金牌、"云计算"赛项优胜奖。本次大赛深化了中俄学校专业资源建设的交流合作，增强了中俄职业教育互学互鉴，促进了俄罗斯鲁班工坊 5G 技术相关合作专业技能人才培养。

2020 年以来，国内外媒体对 5G 技术资源广泛应用的俄罗斯鲁班工坊项目进行了宣传报道。《天津日报》《天津教育报》等国内媒体对俄罗斯鲁班工坊建设启动、首期师资培训结业及中外选手"混编战队"参加世校赛进行了详细报道。俄罗斯新闻电报网、学术网、Vk.com 等国外媒体，分别对俄罗斯鲁班工坊专业合作、师资培训及中俄两校师生"手拉手"参加首届世界职业院校技能大赛，获一个金奖、一个优胜奖的优异成绩进行了宣传报道。

5. 深耕工坊教研，教学成果丰硕

近年来，5G 教学资源相关专业在鲁班工坊项目研究、国际化专业标准开发、人才培养模式研究等项目中科研成果显著，荣获各类省级、国家级奖项。完成 2 项天津市鲁班工坊研究与推广中心鉴定课题，开发 3 个 5G 资源相关专业的天津市职业教育国际化专业教学标准并在全市进行全面广泛推广，参与 1 个鲁班工坊创新实践项目《模式创立、标准研制、资源开发、师资培养——鲁班工坊的创新实践》，荣获职业教育国家级教学成果特等奖，为后续建设鲁班工坊的院校提供了借鉴，对国际化教学资源开发明确了方向。

（二）创新点

1. 聚焦 5G 领域，打造专业特色教学资源

依据现代通信技术专业与计算机网络技术专业人才培养方案，结合工程实践创新项目（EPIP）教学模式，首次在鲁班工坊建设以 5G 为核心应用的专业资源。通过中俄双方多次交流，了解俄方需求，针对性地开发以 5G 为核心应用的

专业资源，全面覆盖 5G 无线网、承载网与核心网。形成了平台资源底层共享、专业资源中层分立、模块资源高层互选的三级架构数字化 5G 移动通信技术课程资源，该资源有机嵌入俄罗斯鲁班工坊信息领域的教学实践，实现了教师教学水平和工坊学生技能水平双提升。

2. 依托龙头企业，形成特色教学环境

与华为合作，对标"1+X"职业技能标准，利用 5G 真实设备和仿真软件"双管齐下"完成 5G 教学资源开发，形成软硬结合、虚实互通的特色教学环境。同时，在华为的支持下，5G 虚拟仿真环境可以在中俄双方同时运行，拉近了中俄双方的距离，依托空中课堂实现中俄双方在 5G 技术方面无空间障碍的沟通，真正做到了让 5G 技术服务国际，对鲁班工坊培养俄方学生 5G 技术技能起到了关键作用。

3. 对接世界技能大赛，实现中国技术服务国际

依托中国装备（设备）服务世界技能大赛等国际赛项，将大赛内容与标准融入资源，使中国技术服务国际。学校世赛金牌专家团队参与制定了世界技能大赛"信息网络布线"赛项标准，基于该标准和鲁班工坊世赛设备，中俄两校定期交流竞赛经验、切磋技术，该"金"标准在包括俄罗斯在内的 20 余个国家（地区）得到推广。天津电子信息职业技术学院作为副组长单位参与金砖国家未来技能课程开发和国际团体标准编写，标准被写入 2023 年度的金砖国家工商理事会年度工作报告。

五、未来规划

根据《关于深化现代职业教育体系建设改革的意见》《关于推动现代职业教育高质量发展的意见》《加快和扩大新时代教育对外开放》等文件精神，依托前期俄罗斯鲁班工坊建设阶段成果，从专业建设、人才培养、人文交流、资源共建共享 4 个维度开展后续建设。通过持续建设实现俄罗斯鲁班工坊数字转型和绿色转型，扩大职业教育国际公共服务产品的规模和国内外影响力，提升俄罗斯鲁班工坊的服务能力。

（一）专业建设

在课程建设方面，构建三级教学资源库课程体系，打造三级教学资源库。依托其办学特色，构建平台课底层共享、专业课中层分立、模块课高层互选的三级教学资源库课程体系，借助国家职业教育智慧教育平台，建设面向现代通

信技术专业与计算机网络技术专业的教学资源库。

在教材建设方面，依据当地产业需求，开发和优化教材。为了满足不同国家和地区学生的需求和文化背景，俄罗斯鲁班工坊将继续开发和优化教材。具体措施包括：①与国内优质企业和当地院校合作，共同编写适合当地学生的教材。②加强对当地行业发展和需求的了解，将当地的实际案例和实践项目纳入教材中。③根据当地的文化和语言特点，对教材进行翻译和注释，使其更符合当地学生的阅读习惯。④定期对教材进行修订和更新，以适应当地技术和行业发展的变化。

随着技术的迭代升级，不断更新和完善鲁班工坊硬件设备、教学内容和实训项目等建设内容。随着和俄方教师的深入沟通，持续不断维护工坊运行环境，及时更新和补充各种软硬件资源，实现工坊的可持续发展，提升工坊质量。

（二）人才培养

俄罗斯鲁班工坊继续为培养俄方本土人才而努力，服务俄方本土企业，同时，通过鲁班工坊的持续建设，将培养过程中的国际化素养引入国内人才培养过程，为培养国内学生的国际化素养而努力，达到国内外共同进步的效果。此外，通过对比建设鲁班工坊前后俄方人才培养方案的变化，深入研究鲁班工坊对俄方人才培养带来了哪些好的影响。

（三）人文交流

搭建交流平台，促进师生交流互访。搭建鲁班工坊交流平台，通过建立"空中课堂"，与华为技术有限公司完成对俄罗斯师资培训；通过"空中实践基地"搭建国产设备虚拟仿真场景，进行线上实训；通过线下走访交流，以组织会议交流、走访观摩等形式，以走出去、请进来的方式，实现俄罗斯鲁班工坊双方师生的线下交流。通过举行论坛的形式，在交流技术的同时促进和加强中俄间人文交流，增进两国友谊。

（四）资源共建共享

搭建技能比武平台，实现资源共建共享，促进技能提升。依托首届世界职业院校技能大赛，工坊内学员与俄罗斯鲁班工坊学生通过合作交流、日常训练、技能辅导与交流，了解不同职业技能差异，推动双方职业教育改革。在鲁班工坊平台上，可以举办中俄职业技能大赛，共同制定比赛标准、评分规则，为两国职业人才提供展示技能、交流经验、提升技能的平台，进而推广中国职业教育标准、中国装备和技术，促进中国职业教育的国际化发展。

中俄双方深入沟通，开发面向现代通信技术专业与计算机网络技术专业的教学资源库以及国际化教材，实现资源共建共享。

第三部分
专题报告

第七章 全球鲁班工坊人才培养质量研究

高素质技术技能人才培养是全球鲁班工坊建设的核心内涵。全球鲁班工坊人才培养质量直接影响到合作国家经济社会的高质量发展和产业转型升级，已经成为衡量全球鲁班工坊项目建设质量、评估项目竞争力、影响力和吸引力的核心指标。因此，探索并提升全球鲁班工坊人才培养质量具有重要意义。截至 2023 年 12 月，全球已经在 27 个国家建设了 29 个鲁班工坊。本章对全球 29 个鲁班工坊进行深入调查，通过问卷调查获得珍贵的一手数据，全面掌握全球鲁班工坊人才培养质量情况，在此基础上，从构建人类命运共同体的视角提出全球鲁班工坊人才培养质量提升路径，在为合作国家经济社会发展供给高素质技术技能人才的同时，推动全球鲁班工坊建设质量提升。[①]

第一节 全球鲁班工坊人才培养质量概述

一、全球鲁班工坊人才培养质量调查问卷

全球鲁班工坊人才培养质量报告主要采用问卷法，对截至 2023 年 12 月已经建成的 29 个全球鲁班工坊的人才培养质量进行深入调查。在全球鲁班工坊人才培养质量调查问卷设计、发放和回收的过程中，需要关注以下方面：第一，由于人才培养质量主要涉及教师和学生 2 个群体，根据调查内容，研究对象主要包括鲁班工坊教学一线教师、鲁班工坊在读学生和鲁班工坊毕业生 3 个部分，对应的问卷分别为《全球鲁班工坊人才培养质量调查问卷（教师卷）（2023）》《全球鲁班工坊人才培养质量调查问卷（学生卷）（2023）》《全球鲁班工坊毕业生满意

---

① 国家社会科学基金青年项目 "'双循环'新格局下基于'鲁班工坊'推进中国引领全球职业教育治理体系建设研究"（21CGL042）的研究成果。

度调查问卷（2023）》。第二，考虑到鲁班工坊合作国家的语言交流问题和英语是国际通用语言的实际情况，选择英语作为问卷调查语言。第三，结合鲁班工坊建设的跨国地理位置状况和问卷发放的便捷性和可操作性，调查采用线上问卷平台填写方式，最大限度地保证问卷的回收率和有效性。在此基础上，对问卷进行深入分析，全面了解并掌握 29 个鲁班工坊项目的人才培养质量现状，有针对性地提出对策建议，推动鲁班工坊人才培养质量有效提升。

二、全球鲁班工坊人才培养质量调查对象基本情况

教师和学生是人才培养工作的两个主要群体，结合部分鲁班工坊已经迎来毕业生的建设实际，将调查问卷的对象确定为鲁班工坊教学一线教师、鲁班工坊在读学生和鲁班工坊毕业生 3 个部分，其基本情况如下：

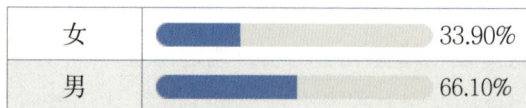

| 女 | 33.90% |
| 男 | 66.10% |

图 7-1　所调查教学一线教师的性别分布情况

（一）鲁班工坊教学一线教师的基本情况

该调查共回收鲁班工坊教学一线教师问卷 118 份，在被调查的鲁班工坊教学一线教师中，男性教师占 66.10%，女性教师占 33.90%，男性教师数量约是女性教师数量的 2 倍，见图 7-1。

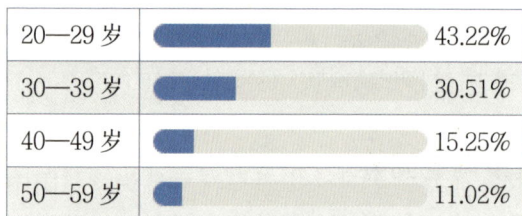

20—29 岁	43.22%
30—39 岁	30.51%
40—49 岁	15.25%
50—59 岁	11.02%

图 7-2　教师的年龄分布情况

在被调查的鲁班工坊教学一线教师中，大部分为中青年教师。其中，20—29 岁的教学一线教师占 43.22%，30—39 岁的教学一线教师占 30.51%，40—49 岁的教学一线教师占 15.25%，50—59 岁的教学一线教师占 11.02%，见图 7-2。

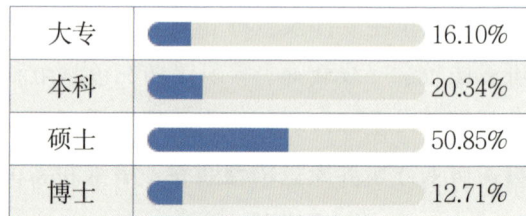

在被调查的鲁班工坊教学一线教师中，大部分为本科及以上学历。其中，大专学历占 16.10%，本科学历占 20.34%，硕士学历占 50.85%，博士学历占 12.71%，见图 7-3。

大专	16.10%
本科	20.34%
硕士	50.85%
博士	12.71%

图 7-3　教师的学历分布情况

在被调查的鲁班工坊教学一线
教师中，大部分教师为专职教师，
不担任学校职务，只有少部分教师
在教学一线活动的同时，还担任系
主任、副校长或者校长职务。具
体而言，71.19% 的教学一线教师

校长	1.69%
副校长	3.39%
系主任	23.73%
无职务	71.19%

图 7-4　教师的职务分布情况

无职务，23.73% 的教学一线教师担任系主任职务，3.39% 的教学一线教师担
任副校长职务，1.69% 的教学一线教师担任校长职务，见图 7-4。

在被调查的鲁班工坊教学一线教师中，柬埔寨鲁班工坊教学一线教师占
22.88%，俄罗斯鲁班工坊教学一线教师占 16.94%，马达加斯加鲁班工坊教学一线
教师占 14.41%，其他鲁班工坊教学一线教师占比见图 7-5。

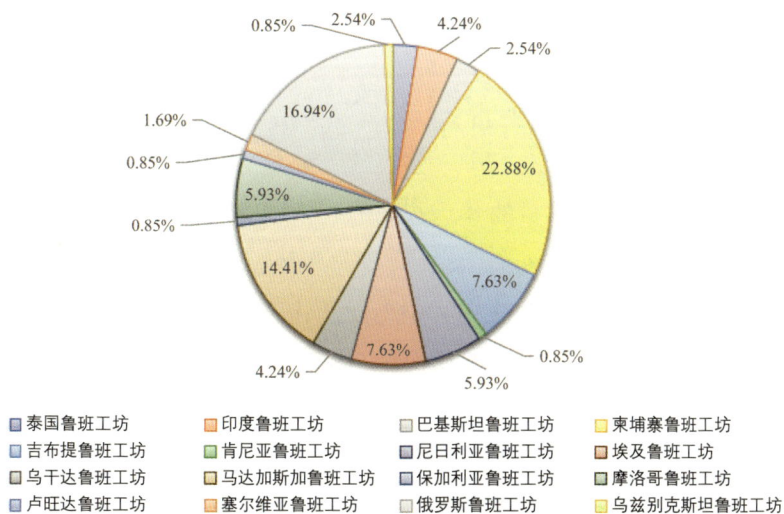

图 7-5　教师所在项目分布情况

（二）鲁班工坊在读学生的基本情况

该调查共回收鲁班工坊在读学生问卷 516 份。在被调查的鲁班工坊在读学

生中，男性学生占 81.78%，女性
学生占 18.22%，男性学生数量约
为女性学生数量的 4 倍，见图 7-6。

在被调查的鲁班工坊在读学

| 女 | 18.22% |
| 男 | 81.78% |

图 7-6　在读学生的性别分布情况

生中，中专学历占 37.79%，大专学历占 22.48%，本科学历占 35.85%，研究生学历占 3.88%，见图 7-7。

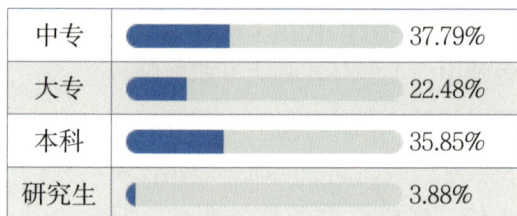

图 7-7　在读学生的学历分布情况

在被调查的鲁班工坊在读学生中，一年级学生占 18.61%，二年级学生占 23.64%，三年级学生占 39.53%，四年级学生占 18.22%，见图 7-8。

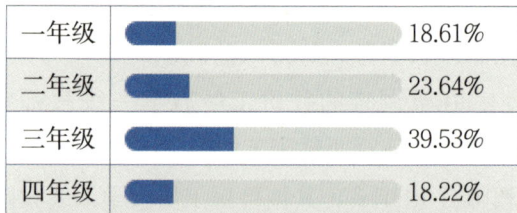

图 7-8　在读学生的年级分布情况

（三）鲁班工坊毕业生的基本情况

该调查共回收鲁班工坊毕业生问卷 179 份，在被调查的鲁班工坊毕业生中，男性学生占 88.27%，女性学生占 11.73%，男性学生数量约为女性学生数量的 8 倍，见图 7-9。

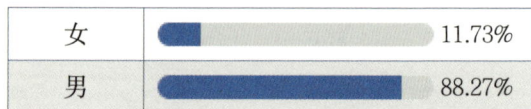

图 7-9　所调查鲁班工坊毕业生的性别分布情况

在被调查的鲁班工坊毕业生中，中专学历占 58.10%，大专学历占 25.14%，本科学历占 10.06%，研究生学历占 6.70%，见图 7-10。

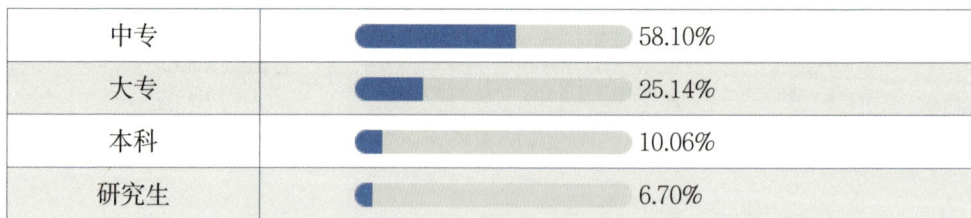

图 7-10　所调查鲁班工坊毕业生的学历分布情况

三、鲁班工坊人才培养质量调查结果整体情况

整体而言，鲁班工坊经过 7 年的高质量建设与稳步发展，人才培养成效明显。鲁班工坊教学一线教师、鲁班工坊在读学生、鲁班工坊毕业生均对鲁班工坊人才培养的满意度很高，在人才培养过程、人才培养满意度、就业满意度等方面给予

了很高评价。

（一）鲁班工坊师生对鲁班工坊人才培养全过程给予高度肯定

鲁班工坊教学一线教师和学生在人才培养专业设置与目标设置、教学组织与实施、人才培养效果方面均给予充分肯定。

第一，在人才培养专业设置与目标设置方面。达86.44%的教学一线教师认为鲁班工坊所建设的专业是本国产业发展亟须专业，高达91.53%的教学一线教师认为鲁班工坊所建设的专业是学校（院）的优势专业，高达92.37%的教学一线教师认为鲁班工坊的专业设置能够满足学生职业需求。教学一线教师认为鲁班工坊人才培养目标能够满足多元需求，其中认为鲁班工坊人才培养目标能够满足学生发展需求的比例最高，为88.14%；认为能够满足企业发展需求的比例次之，为67.80%。同样，鲁班工坊学生也认为鲁班工坊人才培养目标能够满足多元需求，其中认为鲁班工坊人才培养目标能够满足学生发展需求的比例最高，为86.24%；认为能够满足企业发展需求的比例次之，为63.57%。对比发现，鲁班工坊师生对于人才培养目标的评价较为一致。

第二，在教学组织与实施方面。一是在教学目标上，高达90.68%的教学一线教师对于自己完成了鲁班工坊教学目标给予正向评价。二是在教学内容上，达82.21%的教学一线教师认为鲁班工坊的教学内容设置优于本土国家的内容设置，能更好地满足学生发展需求；高达90.68%的教学一线教师会将中国教师的培训内容进行整合后再传授给学生。课程是最核心的教学内容。在学生调查中，鲁班工坊学生对于鲁班工坊的课程设置满意度较高，其中课程实用性强（79.26%）、课程内容设置合理（51.94%）、课程时间设计合理（50.19%）、理论课和实践课的比例协调（50%）是鲁班工坊学生对于鲁班工坊的课程设置最满意的四个方面。三是在教学方式上，79.67%的教学一线教师认为自己能够熟练地将EPIP教学方式应用到教学中，达88.18%的鲁班工坊学生对教学方式满意。在新一代信息技术快速发展的背景下，在线教学成为促进教学方式变革和提升教学质量的重要方式，70.35%的鲁班工坊学生对于鲁班工坊在线教学方式持肯定态度。四是在教学资源上，教学装备（85.85%）、双语教材（77.91%）、在线课程（74.22%）是鲁班工坊学生对鲁班工坊教学资源最满意的3个方面。鲁班工坊学生对于鲁班工坊授课教师的教学水平给予了积极评价，其中教学态度端正（73.45%）、教学效果良好（58.33%）、教学方法多样（55.23%）是鲁班工坊学生认为教师教学水平最令自己满意的三个方面；在教学氛围方面，达 88.76% 的鲁班工坊学生对于鲁班工坊教学氛围给予了正向评价。五是在教学培训上，在被调查的鲁班工坊教学一线教师中，全部教师接受了鲁班工坊教学的教师培训，只是培训地点和培训教师不同。其中，在中国接受培训的教师占 26.27%，在本国接受培训且培训教师为中国教师的占 27.97%，在本国接受培训且培训教师为本国教师的占 45.76%。在对于鲁班工坊教师培训的收获评价中，72.88% 的教学一线教师认为通过鲁班工坊教师培训自己获得了更加先进的教学理念，64.41% 的教学一线教师认为通过鲁班工坊教师培训自己获得了更加丰富的教学方法，63.56% 的教学一线教师认为通过鲁班工坊教师培训自己的教学能力得到有效提升。

第三，在人才培养效果方面。一是在教学效果上，教学一线教师认为先进的教学设备（86.44%）、合适的教学材料（65.25%）、清晰的教学目标（60.17%）是影响鲁班工坊教学效果的三个主要因素。77.12% 的教学一线教师认为通过鲁班工坊教学使学生对课程产生了浓厚兴趣，70.34% 的教学一线教师认为通过鲁班工坊教学使学生掌握了必备的技能。二是在鲁班工坊学生毕业后流向上，主要流向包括就业和升学两种趋势。鲁班工坊学生认为多元因素能够影响自身未来职业发展，其中专业设置满足企业需要（73.26%）、课程内容丰富实用性强（67.25%）、教师能力较强学习效果理想（62.98%）是鲁班工坊学生认为能够影响自身未来职业发展的最重要的三个因素。鲁班工坊学生认为，通过鲁班工坊学习，自己在开拓创新（57.75%）、努力工作（57.36%）、诚实守信（54.84%）、精益求精（54.65%）、爱岗敬业（54.07%）、遵守企业规定（21.33%）等职业素养方面获得提升。鲁班工坊学生对于未来的就业预期，36.24% 的鲁班工坊学生想去中资企业就业，22.48% 的鲁班工坊学生想去本国企业就业，20.54% 的鲁班工坊学生想去合资企业就业。在鲁班工坊学生的升学意愿方面，45.74% 的鲁班工坊学生想去中国继续上学。三是在鲁班工坊受欢迎程度上，达 83.90% 的教学一线教师认为鲁班工坊在当地很受欢迎，达 83.92% 的鲁班工坊学生认为鲁班工坊在当地很受欢迎，师生评价较为一致。

（二）鲁班工坊毕业生的人才培养满意度和学业成就获得满意度实现双高评价

第一，鲁班工坊毕业生对人才培养的满意度评价很高。鲁班工坊毕业生认为实习实训实用性强的比例为 74.30%，认为课程内容设置合理的比例为 70.95%，认为教师教学能力很强的比例为 69.27%，认为教学方法丰富多样的比例为 50.28%，认为教学资源非常丰富的比例为 35.20%。

第二，鲁班工坊毕业生对学业成就获得满意度评价很高。总体而言，通过鲁班工坊人才培养，鲁班工坊毕业生在信息获取和运用能力、人际交往能力、技术应用能力、资源管理能力、统筹能力 5 个方面的关键能力上的获得感较强，比例分别达到 76.54%、72.63%、65.92%、56.42% 和 28.49%。一是信息获取和运用能力得到很大提升，达 87.71% 的鲁班工坊毕业生能够运用专业知识解决工作问题，达 83.8% 的鲁班工坊毕业生能够准确理解工作文件和操作手册，79.33% 的鲁班工坊毕业生能够和同事交流工作信息，49.16% 的鲁班工坊毕业生能够运用互联网辅助完成工作。二是人际交往能力得到较大提升，高达 95.53% 的鲁班工坊毕业生能够与他人合作完成工作，达 87.15% 的鲁班工坊毕业生能够与他人沟通并且达成一致，达 84.92% 的鲁班工坊毕业生能够服务顾客，32.40% 的鲁班工坊毕业生能够运用中文进行交流沟通。三是技术应用能力得到有效提升，高达 90.50% 的鲁班工坊毕业生能够选择正确设备完成工作，达 85.47% 的鲁班工坊毕业生能够正确操作和控制设备，72.63% 的鲁班工坊毕业生能够对设备进行日常维护，51.40% 的鲁班工坊毕业生能够很快适应并使用新设备。四是资源管理能力得到一定提升，达 86.59% 的鲁班工坊毕业生能够管理好时间，达 86.59% 的鲁班工坊毕业生能够合理管理物资（如设备、厂房和材料等），72.63% 的鲁班工坊毕业生能够合理利用资金完成工作，54.19% 的鲁班工坊毕业生能够合理管理其他人员。五是统筹能力得到部分提升，达 85.47% 的鲁班工坊毕业生能够对产品或服务进行质量控制，达 84.36% 的鲁班工坊毕业生能够有意识地进行产品或服务改进，达 84.36% 的鲁班工坊毕业生能够了解产品的生产原理或掌握服务顾客的技能，45.81% 的鲁班工坊毕业生能够对产品或服务进行创新。

（三）鲁班工坊毕业生对就业满意度给予积极评价

第一，鲁班工坊毕业生就业的基本情况良好。总体而言，据不完全统计，36.87% 的鲁班工坊毕业生受雇全职工作，26.82% 的鲁班工坊毕业生选择升学，18.44% 的鲁班工坊毕业生选择自主创业，14.53% 的鲁班工坊毕业生受雇兼职工作。在就业过程中，鲁班工坊毕业生就业信息获取渠道较为多元，其中，求职网站（57.54%）、校企合作企业（48.60%），学校就业指导中心（47.49%），老师、同学、亲戚、朋友等（43.58%）等是就业信息获取的主要渠道。在就业选择中，薪酬（45.81%）、工作性质（45.25%）、工作环境（43.58%）、国家和社会需要（37.99%）、个人发展机会（36.87%）、工作稳定性（34.08%）、工作平台（34.08%）、专业对口（12.29%）等是鲁班工坊毕业生在就业选择时考虑的主要因素。在工作地点方面，大部分（80.45%）鲁班工坊毕业生的工作地点在本国。

第二，鲁班工坊毕业生的就业满意度较高。总体而言，达 87.15% 的鲁班工坊毕业生对工作满意。在工作薪酬满意度方面，72.07% 的鲁班工坊毕业生对工作薪酬满意；在工作环境适应性方面，高达 91.62% 的鲁班工坊毕业生完全能够适应单位的工作环境；在工作胜任力方面，达 87.15% 的鲁班工坊毕业生对于鲁班工坊人才培养能够满足自身工作需要的评价较高；在未来工作发展空间方面，高达 92.74% 的鲁班工坊毕业生认为鲁班工坊的学习经历有益于扩展未来工作发展空间。调查结果最终显示，高达 91.62% 的鲁班工坊毕业生对鲁班工坊的推荐度很高。

综上所述，经过 7 年的高质量建设与稳步发展，鲁班工坊为合作国家培养了大批高素质技术技能人才，为合作国家经济社会发展和产业转型升级提供了重要智力支持。本章第二节到第四节将详细探索鲁班工坊人才培养的过程质量、鲁班工坊毕业生的学业质量、鲁班工坊毕业生的就业质量情况，并于第五节提出全球鲁班工坊人才培养质量提升路径。

第二节　鲁班工坊人才培养的过程质量

鲁班工坊人才培养质量可以从过程与结果两个方面进行监测与提升。人才培养的过程质量是人才培养质量的重要内容，也是比较容易被忽视的内容，应该引起关注。人才培养的过程质量包括人才培养目标、人才培养内容、人才培养方式以及人才培养效果等关键环节。本节主要围绕鲁班工坊人才培养过程质量进行探究，其中，鲁班工坊人才培养目标、教学组织与实施、人才培养效果等是调查与分析的重要内容。

一、鲁班工坊人才培养专业设置与目标设置

（一）鲁班工坊专业设置

鲁班工坊人才培养的专业建设是促进国际产教融合的重要途径。在教师调查中，针对鲁班工坊专业设置情况进行了专门调查。在鲁班工坊教学一线教师对于鲁班工坊所建设的专业是本国产业发展亟须专业的评价中，58.47% 的鲁班工坊教学一线教师认为非常符合，27.97% 的鲁班工坊教学一线教师认为比较符合，两者

之和达 86.44%（图 7-11）。

在鲁班工坊教学一线教师对于鲁班工坊所建设的专业是学校（院）的优势专业的评价中，65.26% 的鲁班工坊教学一线教师认为非常符合，26.27% 的鲁班工坊教学一线教师认为比较符合，两者之和高达 91.53%（图 7-12）。

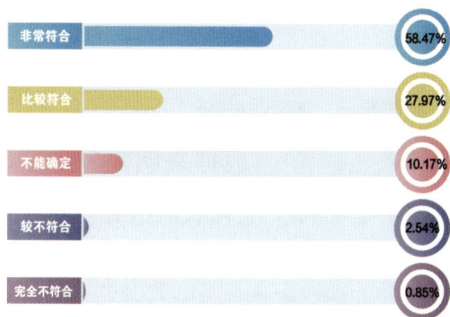

图 7-11　教师对于鲁班工坊专业是本国产业发展亟须专业的评价情况

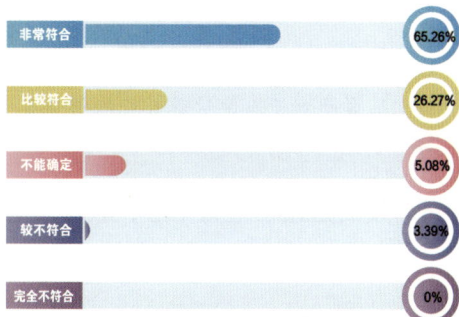

图 7-12　教师对于鲁班工坊专业是学校（院）优势专业的评价情况

在鲁班工坊教学一线教师对于鲁班工坊的专业设置能够满足学生职业需求的评价中，66.95% 的鲁班工坊教学一线教师认为非常符合，25.42% 的鲁班工坊教学一线教师认为比较符合，两者之和高达 92.37%（图 7-13）。

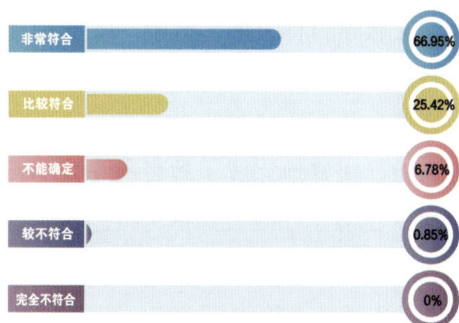

图 7-13　教师对于专业设置能够满足学生职业需求的评价情况

（二）人才培养目标设置

在教师调查中，鲁班工坊教学一线教师认为鲁班工坊人才培养目标能够满足多元需求，其中，认为鲁班工坊人才培养目标能够满足学生发展需求的比例最高，为 88.14%；认为能够满足企业发展需求的比例次之，为 67.80%，其他需求满足情况见图 7-14。

在学生调查中，鲁班工坊学生也认为鲁班工坊人才培养目标能够满足多元需

学生发展需求	88.14%
企业发展需求	67.80%
学校发展需求	58.47%
经济发展需求	53.39%
社会发展需求	32.20%

图 7-14　教师对于人才培养目标能够满足多元需求的评价情况

学生发展需求	████████████	86.24%
企业发展需求	████████	63.57%
经济发展需求	███████	54.65%
社会发展需求	██████	48.84%
学校发展需求	██████	46.70%

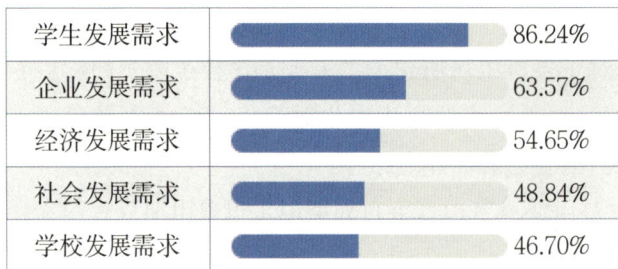

图 7-15 学生对于人才培养目标能够满足多元需求的评价情况

求，其中，认为鲁班工坊人才培养目标能够满足学生发展需求的比例最高，为 86.24%；认为能够满足企业发展需求的比例次之，为 63.57%，其他需求满足情况见图 7-15。

数据表明，鲁班工坊建设与发展是以学生为中心，教学一线教师和学生均将学生发展需求置于首要位置，对比发现，鲁班工坊师生对于人才培养目标的评价较为一致。

二、鲁班工坊教学组织与实施

（一）教学目标

在教学目标方面，教学一线教师对于自己完成了鲁班工坊教学目标给予正向评价，其中，57.63% 的教学一线教师认为自己很好地完成了教育教学目标，33.05% 的教学一线教师认为自己较好地完成了教育教学目标，两者之和占到了全部调查教师人数的 90.68%（图 7-16）。

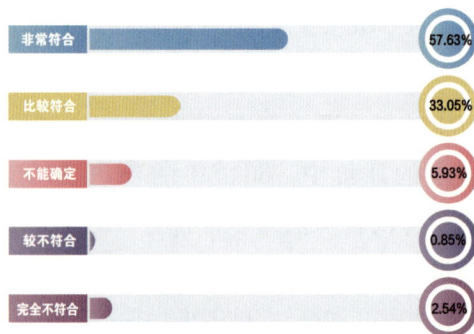

非常符合	57.63%
比较符合	33.05%
不能确定	5.93%
较不符合	0.85%
完全不符合	2.54%

图 7-16 教师对于鲁班工坊教学目标的评价情况

（二）教学内容

在教学内容方面，教学一线教师对于鲁班工坊的教学内容设置优于本国原来的内容设置，能更好地满足学生发展需求的评价较高，其中，42.38% 的教学一线教师认为非常符合，39.83% 的教学一线教师认为比较符合，两者之和占到了全部调查教师人数的 82.21%（图 7-17）。

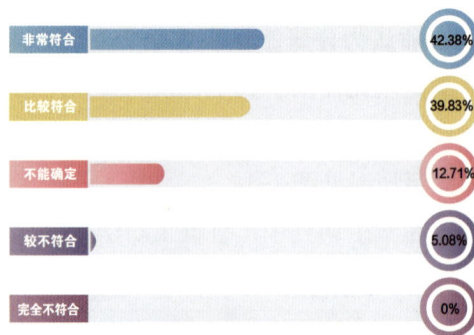

非常符合	42.38%
比较符合	39.83%
不能确定	12.71%
较不符合	5.08%
完全不符合	0%

图 7-17 教师对于教学内容设置优于本国原来的内容设置的评价情况

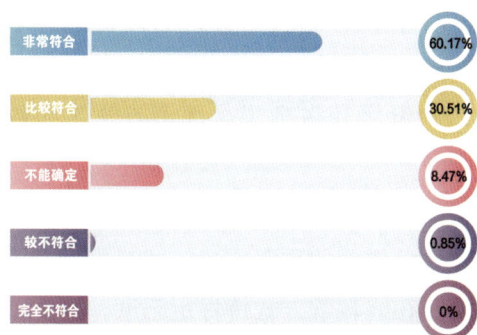

图 7-18 教师对于自己会将培训内容进行
整合的评价情况

对于会将中国教师对自己培训的内容进行整合后再传授给学生的评价中，60.17%的教学一线教师认为非常符合，30.51%的教学一线教师认为比较符合，两者之和占到了全部调查教师人数的90.68%（图 7-18）。

课程是最核心的教学内容。在学生调查中，本研究针对鲁班工坊学生对于鲁班工坊课程建设的评价进行调查。整体而言，鲁班工坊学生对于鲁班工坊的课程设置满意度较高，其中，课程实用性强（79.26%）、课程内容设置合理（51.94%）、课程时间设计合理（50.19%）、理论课和实践课的比例协调（50.00%）是鲁班工坊学生对于鲁班工坊的课程设置最满意的 4 个方面（图7-19）。数据表明，鲁班工坊建设目标是为合作国家培养高素质劳

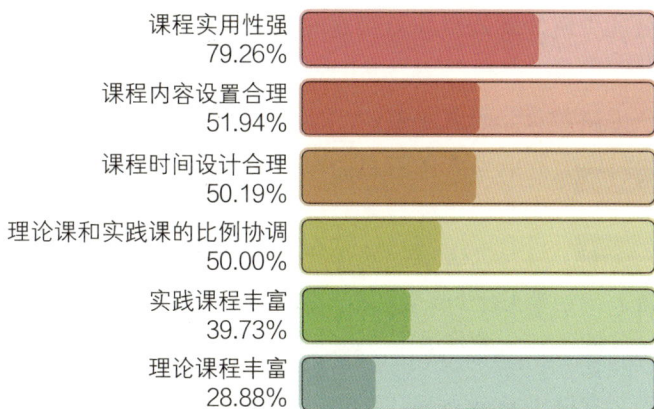

图 7-19 学生对于课程设置的评价情况

动者和技术技能人才，所以在课程设置中高度重视课程实用性建设，并且该因素也成为鲁班工坊学生对课程建设最满意的方面。

（三）教学方式

在教学方式方面，教学一线教师对于自己能够熟练地将 EPIP 教学方式应用到教学中的评价较高，其中，35.60%的教学一线教师认为非常符合，44.07%的教学一线教师认为比较符合，两者之和占到了全部调查教师人数的79.67%（图7-20）。

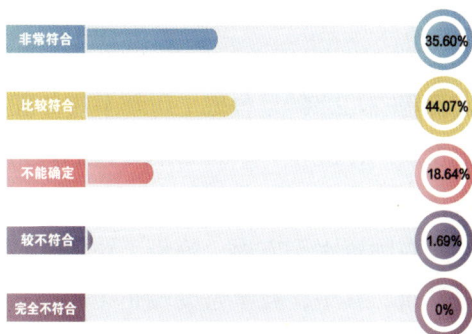

图 7-20 教师对于熟练应用 EPIP 教学方式
的评价情况

在学生调查中，本研究也针对鲁班工坊学生对于教学方式的评价进行了调查。调查显示，64.15% 的学生对鲁班工坊的教学方式十分满意，24.03% 的学生对鲁班工坊的教学方式比较满意，两者之和占到了全部调查学生人数的 88.18%（图 7-21）。

在新一代信息技术快速发展的背景下，鲁班工坊的教学方式面临变革。其中，在线教学成为促进教学方式变革和提升教学质量的重要方式。面对鲁班工坊的教学方式变革，鲁班工坊学生对于鲁班工坊在线教学方式持肯定态度，其中，47.87% 的鲁班工坊学生认为非常符合，22.48% 的鲁班工坊学生认为比较符合，两者之和占到了全部调查学生人数的 70.35%（图 7-22）。

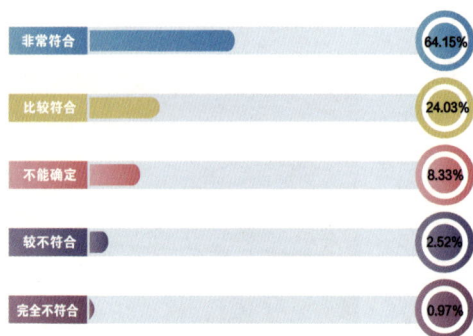

非常符合	64.15%
比较符合	24.03%
不能确定	8.33%
较不符合	2.52%
完全不符合	0.97%

图 7-21　学生对于教学方式十分满意的
评价情况

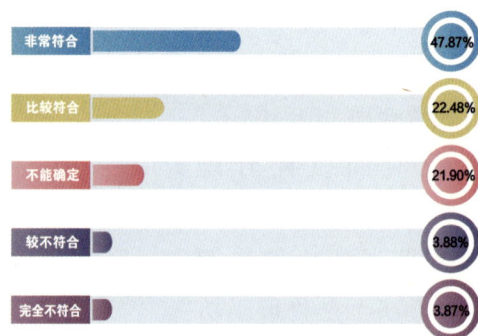

非常符合	47.87%
比较符合	22.48%
不能确定	21.90%
较不符合	3.88%
完全不符合	3.87%

图 7-22　学生对于在线教学方式的
评价情况

（四）教学资源

在教学资源方面，鲁班工坊学生对于鲁班工坊教学资源的评价较高，其中，教学装备（85.85%）、双语教材（77.91%）、在

教学装备	85.85%
双语教材	77.91%
在线课程	74.22%
空中课堂	62.02%

图 7-23　鲁班工坊学生对于鲁班工坊教学资源的评价情况

线课程(74.22%)是鲁班工坊学生对鲁班工坊教学资源最满意的 3 个方面(图 7-23)。数据表明，相对于鲁班工坊教学资源建设中的"软"资源而言，教学装备等"硬"资源建设更能获得鲁班工坊学生的满意。

在师资水平方面，鲁班工坊学生对于鲁班工坊授课教师的教学水平给予了积极评价，其中，教学态度端正（73.45%）、教学效果良好（58.33%）、教学方法多样（55.23%）是鲁班工坊学生认为教师教学水平最令自己满意的 3 个方面（图 7-24）。数据表明，在鲁班工坊教学水平的评价中，教学一线教师给予学生非常

教学态度端正		73.45%
教学效果良好		58.33%
教学方法多样		55.23%
课堂内容丰富		51.55%
耐心解答问题		38.76%
严格要求学生		22.68%

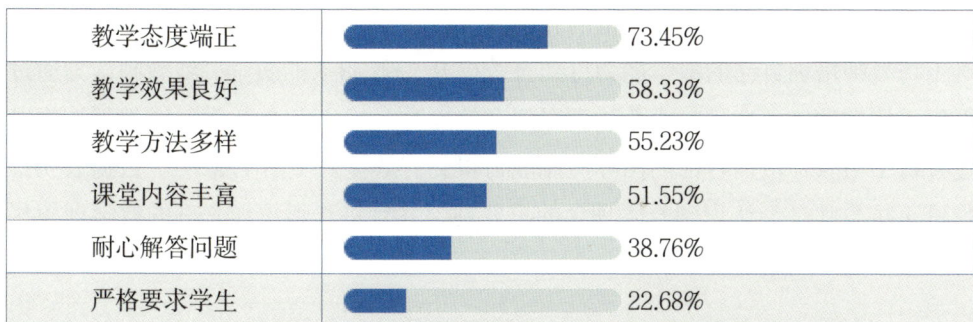

图 7-24　学生对于教师教学水平的评价情况

充分的人文关怀，所以教学态度端正成为鲁班工坊学生最满意的方面。

在教学氛围方面，鲁班工坊学生对于鲁班工坊教学氛围十分满意给予了正向评价，其中，68.22% 的鲁班工坊学生认为非常符合，20.54% 的鲁班工坊学生认为比较符合，两者之和占到了全部调查学生人数的 88.76%（图7-25）。

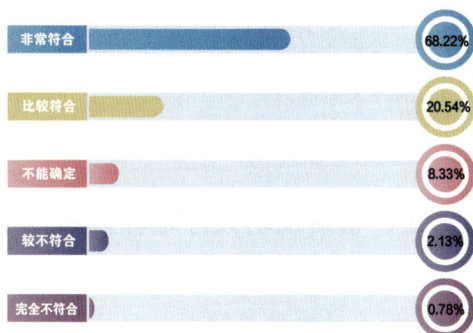

非常符合	68.22%
比较符合	20.54%
不能确定	8.33%
较不符合	2.13%
完全不符合	0.78%

图 7-25　学生对于教学氛围十分满意的评价情况

（五）教学培训

在被调查的鲁班工坊教学一线教师中，全部教师接受了鲁班工坊教学的教师培训，只是培训地点和培训教师不同。其中，在中国接受培训的教师占 26.27%，在本国接受培训且培训教师为中国教师的占 27.97%，在本国接受培训且培训教师为本国教师的占 45.76%（图7-26）。数据表明，大部分鲁班工坊教学一线教师是在本国接受教学培训，未来需要进一步提升教学一线教师来中国接受教学培训的比例，进而提升教学质量。

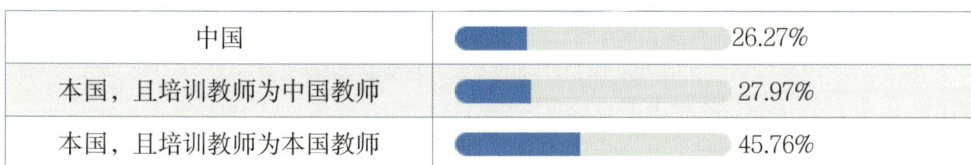

中国		26.27%
本国，且培训教师为中国教师		27.97%
本国，且培训教师为本国教师		45.76%

图 7-26　教师的教师培训情况

对于鲁班工坊教师培训的收获评价，72.88% 的教学一线教师认为通过鲁班工坊教师培训自己获得更加先进的教学理念，64.41% 的教学一线教师认为通过鲁班工坊教师培训自己获得更加丰富的教学方法，63.56%的教学一线教师认为通过鲁班工坊教师培训自己的教学能力得到有效提升，55.93%的教学一线教师认为通过鲁班工坊教师培训自己的专业能力得到有效提升，43.22%的教学一线教师认为通过鲁班工坊教师培训自己的国际交流能力得到有效提升（图7-27）。数据表明，鲁班工坊教师已经认识到教学理念的重要性，并且将获得更加先进的教学理念作为教师培训中最重要的收获。

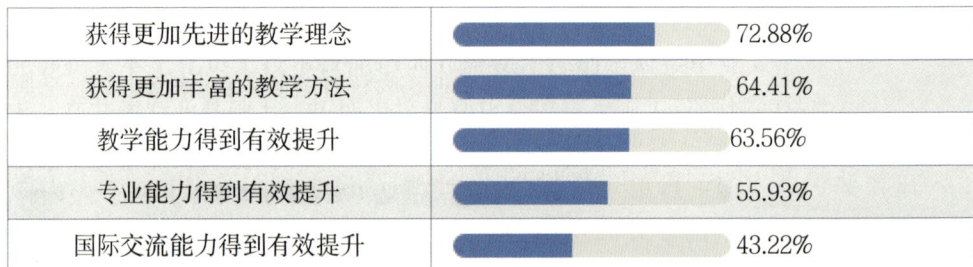

获得更加先进的教学理念	72.88%
获得更加丰富的教学方法	64.41%
教学能力得到有效提升	63.56%
专业能力得到有效提升	55.93%
国际交流能力得到有效提升	43.22%

图7-27　教师对于教师培训收获的评价情况

三、鲁班工坊人才培养效果评价

整体而言，鲁班工坊人才培养效果较为显著，集中体现在教学一线教师对于鲁班工坊的教学效果评价、鲁班工坊学生对于自己未来职业发展的评价，以及鲁班工坊师生对于鲁班工坊在当地受欢迎程度的评价。

（一）教学效果

在教学效果方面，教学一线教师对于影响鲁班工坊教学效果的因素作出评价，其中，先进的教学设备（86.44%）、合适的教学材料（65.25%）、清晰的教学目标（60.17%）是影响鲁班工坊教学效果的3个主要因素（图7-28）。数据表明，作为"五到位"的重要内容之一，"设备到位"对于教学效果具有重要影响。

在教学一线教师对于鲁班工坊教学效果的评价中，77.12%的教学一线教师认为通过鲁班工坊教学使学生对课程产生了浓厚兴趣，70.34%的教学一线教

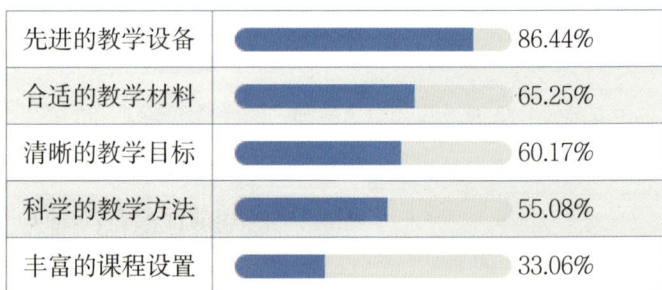

先进的教学设备	86.44%
合适的教学材料	65.25%
清晰的教学目标	60.17%
科学的教学方法	55.08%
丰富的课程设置	33.06%

图7-28　教师对于影响教学效果的因素评价情况

师认为通过鲁班工坊教学使学生掌握了必备的技能，44.92% 的教学一线教师认为通过鲁班工坊教学使学生获得很好的就业前景，39.83% 的教学一线教师认为通过鲁班工坊教学使教师的教学能力得到提升（图 7-29）。数据表明，课程是最核心的教学内容，在教学一线教师对于鲁班工坊教学效果的评价中，学生对课程产生了浓厚兴趣成为教学效果最好的方面，这与鲁班工坊学生对于鲁班工坊的课程设置满意度较高的评价相一致。

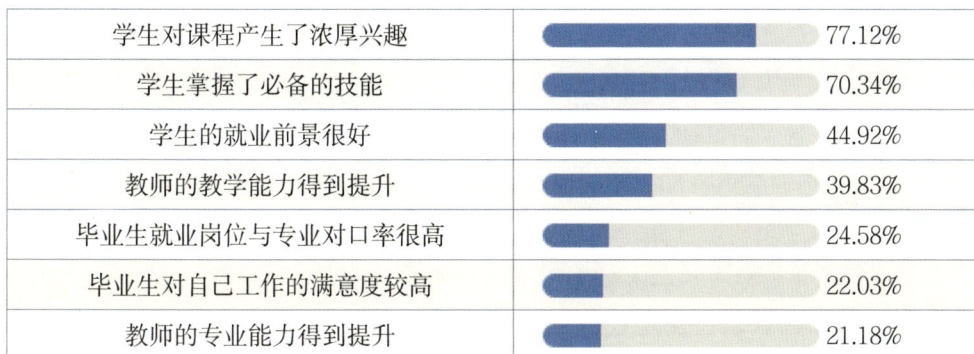

学生对课程产生了浓厚兴趣	77.12%
学生掌握了必备的技能	70.34%
学生的就业前景很好	44.92%
教师的教学能力得到提升	39.83%
毕业生就业岗位与专业对口率很高	24.58%
毕业生对自己工作的满意度较高	22.03%
教师的专业能力得到提升	21.18%

图 7-29　教师对于教学效果的评价情况

（二）鲁班工坊学生毕业后流向

鲁班工坊学生毕业后的主要流向包括就业和升学两种趋势。职业教育的重要目标之一就是帮助学生实现高质量就业。在学生调查中，鲁班工坊学生认为多元因素能够影响自身未来职业发展，其中，专业设置满足企业需要（73.26%）、课程内容丰富且实用性强（67.25%）、教师能力较强且学习效果理想（62.98%）是鲁班工坊学生认为能够影响自身未来职业发展的最重要的 3 个因素（图 7-30）。数据表明，鲁班工坊建设深度服务国际产能合作，基于产教融合校企合作为合作国家供给技术技能人才支持，促进合作国家产业转型升级，所以专业设置满足企业需要成为影响鲁班工坊学生职业发展的最重要的因素。

进一步地，对鲁班工坊学生在职业素养方面的提升情况进行调查。其中，鲁班工坊学生认为，通过鲁班工坊学

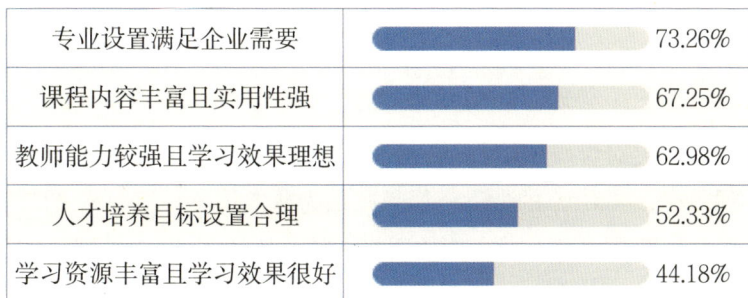

专业设置满足企业需要	73.26%
课程内容丰富且实用性强	67.25%
教师能力较强且学习效果理想	62.98%
人才培养目标设置合理	52.33%
学习资源丰富且学习效果很好	44.18%

图 7-30　学生对于影响职业发展因素的评价情况

习，自己在开拓创新（57.75%）、努力工作（57.36%）、诚实守信（54.84%）、精益求精（54.65%）、爱岗敬业（54.07%）、遵守企业规定（21.33%）等职业素养方面获得提升（图7-31）。

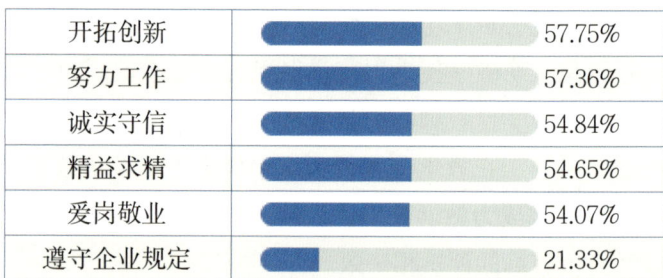

开拓创新	57.75%
努力工作	57.36%
诚实守信	54.84%
精益求精	54.65%
爱岗敬业	54.07%
遵守企业规定	21.33%

图 7-31　学生对于职业素养提升的评价情况

鲁班工坊学生对于未来的就业预期，36.24%的鲁班工坊学生想去中资企业就业，22.48%的鲁班工坊学

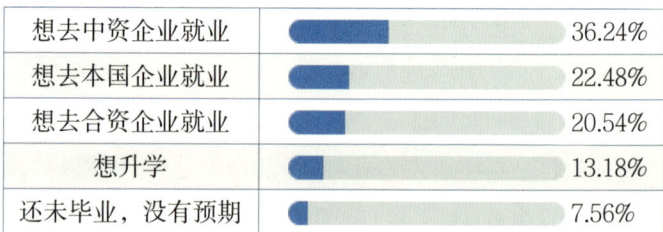

想去中资企业就业	36.24%
想去本国企业就业	22.48%
想去合资企业就业	20.54%
想升学	13.18%
还未毕业，没有预期	7.56%

图 7-32　学生对于未来就业的预期情况

生想去本国企业就业，20.54%的鲁班工坊学生想去合资企业就业（图7-32）。数据表明，想去中资企业就业成为鲁班工坊学生最重要的就业预期。

鲁班工坊学生的升学意愿调查显示，45.74%的鲁班工坊学生想去中国继续上学，32.75%的鲁班工坊学生想在本国继续上学，15.89%的鲁班工坊学生想去其他国家上学，5.62%的鲁班工坊学生没有升学意愿（图7-33）。数据表明，想去中国继续上学成为鲁班工坊学生最重要的升学预期。

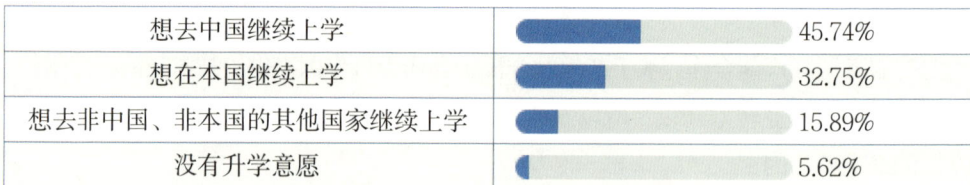

想去中国继续上学	45.74%
想在本国继续上学	32.75%
想去非中国、非本国的其他国家继续上学	15.89%
没有升学意愿	5.62%

图 7-33　学生对于升学的意愿情况

（三）鲁班工坊受欢迎程度

通过对鲁班工坊教学一线教师的调查显示，对于鲁班工坊在当地很受欢迎的评价中，46.61%的教学一线教师认为非常符合，37.29%的教学一线教师认为比较符合，两者之和占到全部被调查教师总数的83.90%（图7-34）。

在学生调查中，对于鲁班工坊学生了解到的鲁班工坊在当地很受欢迎的评价中，58.53% 的鲁班工坊学生认为非常符合，25.39% 的鲁班工坊学生认为比较符合，两者之和占到全部被调查学生总数的 83.92%（图 7-35）。数据表明，鲁班工坊在当地很受欢迎。

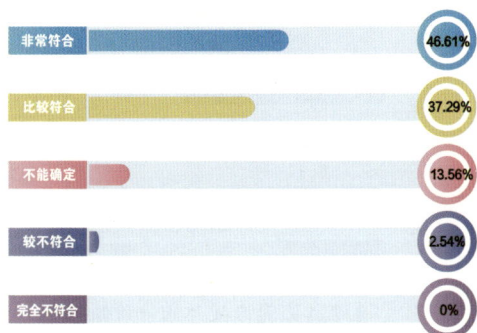

非常符合	46.61%
比较符合	37.29%
不能确定	13.56%
较不符合	2.54%
完全不符合	0%

图 7-34 教师对于鲁班工坊
很受欢迎的评价情况

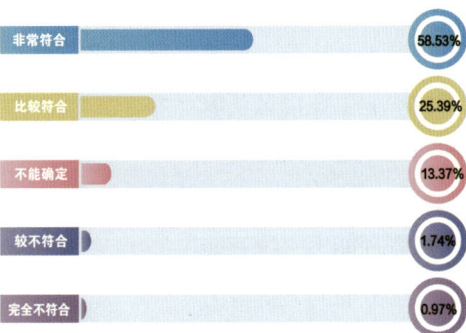

非常符合	58.53%
比较符合	25.39%
不能确定	13.37%
较不符合	1.74%
完全不符合	0.97%

图 7-35 学生对于鲁班工坊很受欢迎的评价
情况

第三节 鲁班工坊毕业生的学业质量

学业质量是人才培养结果的重要体现。鲁班工坊毕业生的学业质量是指鲁班工坊学生在毕业后的学业成就表现。本节主要围绕鲁班工坊人才培养结果的质量进行探究，其中，鲁班工坊毕业生在完成学习后对人才培养的满意程度和鲁班工坊毕业生的学业成就获得满意度是调查与分析的重要内容。

一、鲁班工坊毕业生的人才培养满意度

总体而言，鲁班工坊毕业生对鲁班工坊人才培养的总体满意度很高。其中，鲁班工坊毕业生认为实习实训实用性强的比例为 74.30%，认为课程内容设置合理

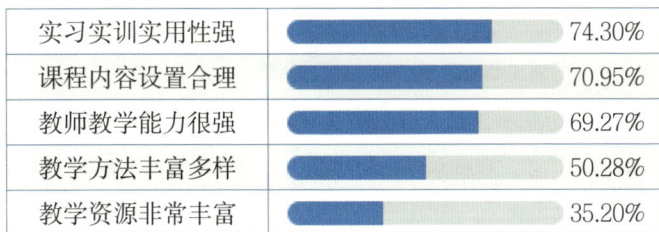

实习实训实用性强	74.30%
课程内容设置合理	70.95%
教师教学能力很强	69.27%
教学方法丰富多样	50.28%
教学资源非常丰富	35.20%

图 7-36 毕业生对于人才培养的评价情况

的比例为 70.95%，认为教师教学能力很强的比例为 69.27%，认为教学方法丰富多样的比例为 50.28%，认为教学资源非常丰富的比例为 35.20%（图 7-36）。数据显示，实习实训实用性强是鲁班工坊毕业生对于鲁班工坊人才培养最满意的方面，这也

与鲁班工坊学生对课程建设最满意的方面为课程实用性强的评价相一致。

二、鲁班工坊毕业生的学业成就获得满意度

总体而言，通过鲁班工坊人才培养，鲁班工坊毕业生在信息获取和运用能力、人际交往能力、技术应用能力、资源管理能力、统筹能力 5 个方面的关键能力上的获得感较强，比例

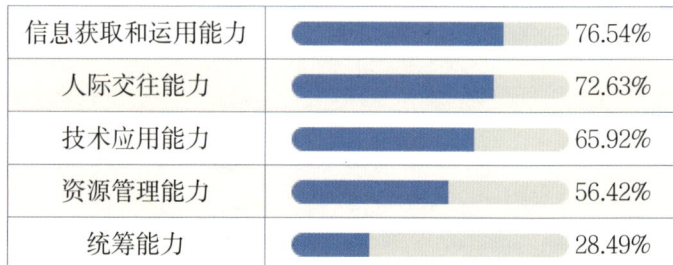

能力	比例
信息获取和运用能力	76.54%
人际交往能力	72.63%
技术应用能力	65.92%
资源管理能力	56.42%
统筹能力	28.49%

图 7-37　毕业生对于通过自己能力提升的评价情况

分别达到 76.54%、72.63%、65.92%、56.42% 和 28.49%（图 7-37）。数据表明，在数字时代，鲁班工坊毕业生的信息获取和运用能力的获得感最强。

（一）鲁班工坊毕业生的信息获取和运用能力得到很大提升

在信息获取和运用能力方面，达 87.71% 的鲁班工坊毕业生能够运用专业知识解决工作问题，达 83.80% 的鲁班工坊毕业生能够准确理解工作文件和操作手册，79.33% 的鲁班工坊毕业生能够和同事交流工作信息，49.16% 的鲁班工坊毕业生能够运用互联网辅助完成工作（图 7-38）。

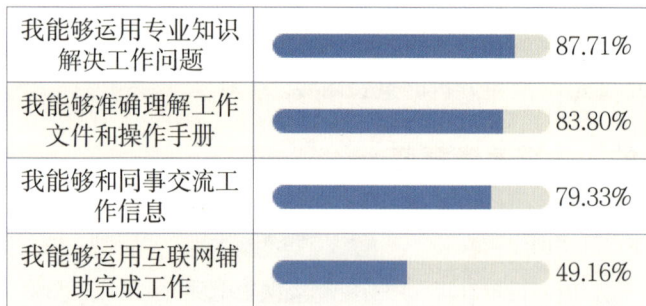

能力	比例
我能够运用专业知识解决工作问题	87.71%
我能够准确理解工作文件和操作手册	83.80%
我能够和同事交流工作信息	79.33%
我能够运用互联网辅助完成工作	49.16%

图 7-38　毕业生对于信息获取和运用能力提升的评价情况

（二）鲁班工坊毕业生的人际交往能力得到较大提升

在人际交往能力方面，高达 95.53% 的鲁班工坊毕业生能够与他人合作完成工作，达 87.15% 的鲁班工坊毕业生能够与他人沟通并且达成一致，达 84.92% 的鲁班工坊毕业生能够服务顾客，32.40% 的鲁班工坊毕业生

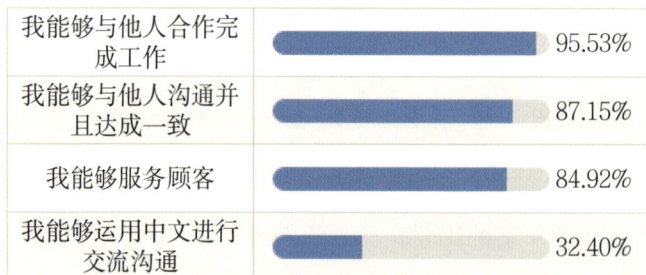

能力	比例
我能够与他人合作完成工作	95.53%
我能够与他人沟通并且达成一致	87.15%
我能够服务顾客	84.92%
我能够运用中文进行交流沟通	32.40%

图 7-39　毕业生对于人际交往能力提升的评价情况

能够运用中文进行交流沟通（图 7-39）。

（三）鲁班工坊毕业生的技术应用能力得到有效提升

在技术应用能力方面，高达 90.50% 的鲁班工坊毕业生能够选择正确设备完成工作，达 85.47% 的鲁班工坊毕业生能够正确操作和控制设备，72.63% 的鲁班工坊毕业生能够对设备进行日常维护，51.40% 的鲁班工坊毕业生能够很快适应并使用新设备（图 7-40）。

我能够选择正确设备完成工作	90.50%
我能够正确操作和控制设备	85.47%
我能够对设备进行日常维护	72.63%
我能够很快适应并使用新设备	51.40%

图 7-40　毕业生对于技术应用能力提升的评价情况

（四）鲁班工坊毕业生的资源管理能力得到一定提升

在资源管理能力方面，达 86.59% 的鲁班工坊毕业生能够管理好时间，达 86.59% 的鲁班工坊毕业生能够合理管理物资（如设备、厂房和材料等），72.63% 的鲁班工坊毕业生能够合理利用资金完成工作，54.19% 的鲁班工坊毕业生能够合理管理其他人员（图 7-41）。

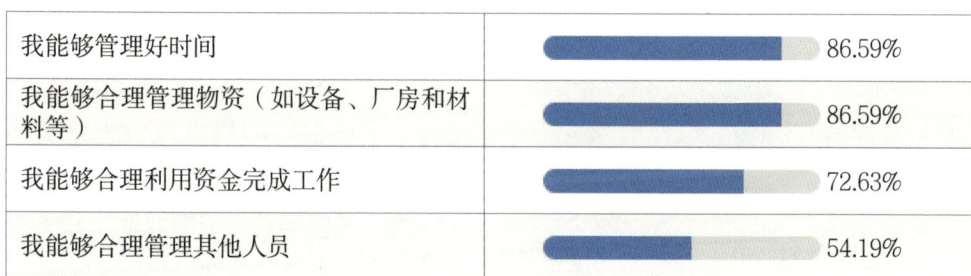

我能够管理好时间	86.59%
我能够合理管理物资（如设备、厂房和材料等）	86.59%
我能够合理利用资金完成工作	72.63%
我能够合理管理其他人员	54.19%

图 7-41　毕业生对于资源管理能力提升的评价情况

（五）鲁班工坊毕业生的统筹能力得到部分提升

在统筹能力方面，达 85.47% 的鲁班工坊毕业生能够对产品或服务进行质量控制，达 84.36% 的鲁班工坊毕业生能够有意识地进行产品或服务改进，达 84.36% 的鲁班工坊毕业生能够了解产品的生产原理或掌握服务顾客的技能，45.81% 的鲁班工坊毕业生能够对产品或服务进行创新（图7-42）。

我能够对产品或服务进行质量控制	85.47%
我能够有意识地进行产品或服务改进	84.36%
我能够了解产品的生产原理或掌握服务顾客的技能	84.36%
我能够对产品或服务进行创新	45.81%

图7-42 毕业生对于统筹能力提升的评价情况

第四节 鲁班工坊毕业生的就业质量

就业质量是人才培养结果的直接体现。鲁班工坊毕业生的就业质量既是检验鲁班工坊人才培养质量的核心指标，也是检验鲁班工坊建设与发展的重要指标，对于有效提升鲁班工坊人才培养质量、推动全球鲁班工坊项目可持续发展具有重要意义。本节主要围绕鲁班工坊毕业生的就业质量进行探究，其中，鲁班工坊毕业生的就业情况和就业满意度是调查与分析的重要内容。

一、鲁班工坊毕业生的就业基本情况

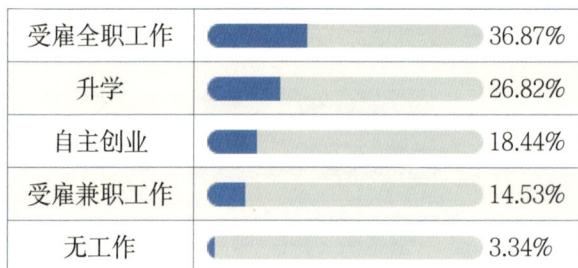

受雇全职工作	36.87%
升学	26.82%
自主创业	18.44%
受雇兼职工作	14.53%
无工作	3.34%

图7-43 毕业生的就业去向情况

总体而言，不完全统计显示，36.87%的鲁班工坊毕业生受雇全职工作，26.82%的鲁班工坊毕业生选择升学，18.44%的鲁班工坊毕业生选择自主创业，14.53%的鲁班工坊毕业生受雇兼职工作（图7-43）。数据显示，鲁班工坊毕业生受雇全职工作和升学仍然是最主要的毕业去向。

在就业过程中，鲁班工坊毕业生就业信息获取渠道较为多元，其中，求职网站（57.54%），校企合作企业（48.60%），学校就业指导中心（47.49%），老师、同学、亲戚、朋友等（43.58%）是就业信息获取的主要渠道（图7-44）。

求职网站		57.54%
校企合作企业		48.60%
学校就业指导中心		47.49%
老师、同学、亲戚、朋友等		43.58%
媒体（电视、报纸、杂志等）		30.17%
招聘会		29.61%
宣讲会		16.76%
其他		26.25%

图 7-44 毕业生的就业信息获取渠道情况

在就业选择中，薪酬（45.81%）、工作性质（45.25%）、工作环境（43.58%）、国家和社会需要（37.99%）、个人发展机会（36.87%）、工作稳定性（34.08%）、工作平台（34.08%）、专业对口（12.29%）等是鲁班工坊毕业生在就业选择时考虑的主要因素（图7-45）。

薪酬		45.81%
工作性质		45.25%
工作环境		43.58%
国家和社会需要		37.99%
个人发展机会		36.87%
工作稳定性		34.08%
工作平台		34.08%
专业对口		12.29%
其他		10.05%

图 7-45 毕业生在就业选择时考虑的主要因素情况

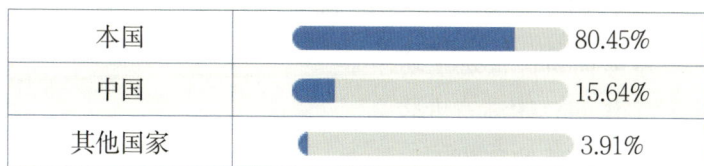

在工作地点方面，大部分（80.45%）鲁班工坊毕业生的工作地点在本国（图7-46）。

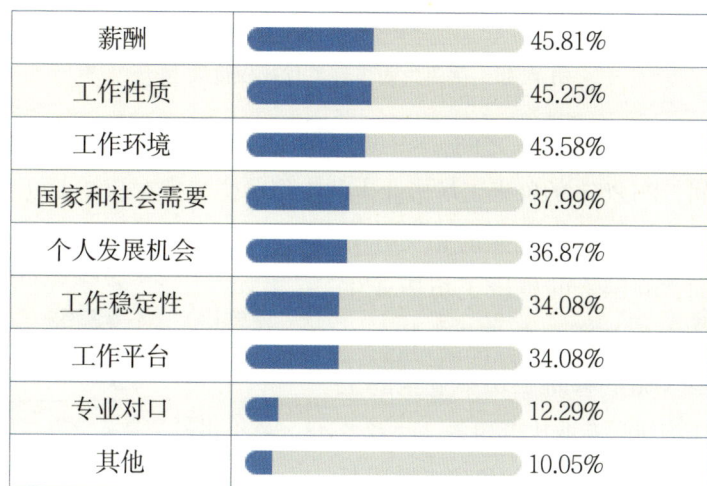

本国		80.45%
中国		15.64%
其他国家		3.91%

图 7-46 毕业生的工作地点情况

本土企业	45.24%
中资企业	21.79%
本土与中国的合资企业	13.97%
其他合资企业	9.50%
外资企业	9.50%

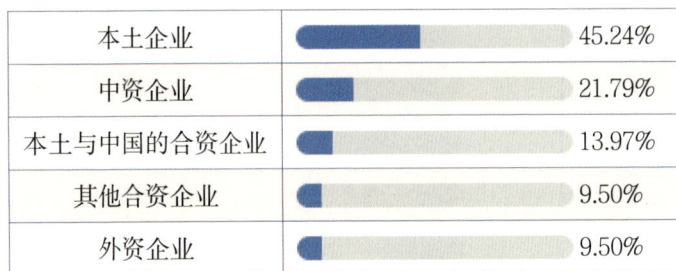

图 7-47 毕业生的工作单位性质情况

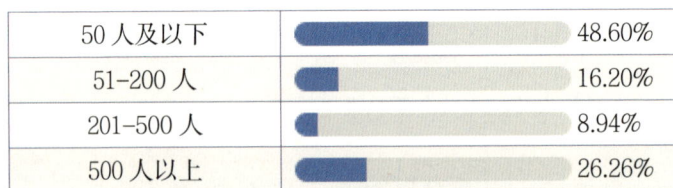

在工作单位性质方面，45.24% 的鲁班工坊毕业生的工作单位属于本土企业，9.50% 的鲁班工坊毕业生的工作单位属于外资企业（图 7-47）。

在工作单位规模方面，48.60% 的鲁班工坊毕业生的工作单位规模在 50 人及以下，16.20% 的鲁班工坊毕业生的工作单位

50 人及以下	48.60%
51-200 人	16.20%
201-500 人	8.94%
500 人以上	26.26%

图 7-48 毕业生的工作单位规模情况

规模在 51-200 人之间，8.94% 的鲁班工坊毕业生的工作单位规模在 201-500 人之间，26.26% 的鲁班工坊毕业生的工作单位规模在 500 人以上（图 7-48）。

在工作与专业的相关性方面，57.54% 的鲁班工坊毕业生的工作与所学专业非常相关，22.35% 的鲁班工坊毕业生的工作与所学专业比较相关，两者占到了全部被调查的鲁班工坊毕业生的 79.89%（图 7-49）。

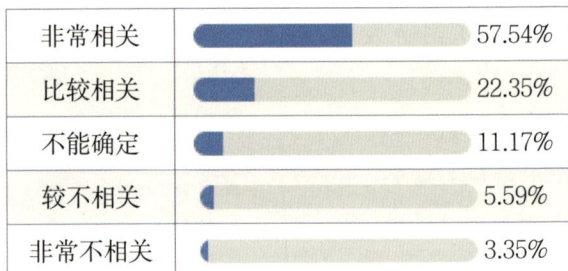

非常相关	57.54%
比较相关	22.35%
不能确定	11.17%
较不相关	5.59%
非常不相关	3.35%

图 7-49 毕业生的工作与所学专业相关性情况

二、鲁班工坊毕业生的就业满意度

总体而言，鲁班工坊毕业生对工作的总体满意度较高。其中，55.87% 的鲁班工坊毕业生对工作非常满意，31.28% 的鲁班工坊毕业生对工作比较满意，两者之和达 87.15%（图 7-50）。

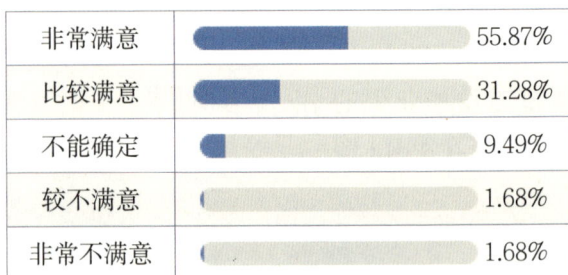

非常满意	55.87%
比较满意	31.28%
不能确定	9.49%
较不满意	1.68%
非常不满意	1.68%

图 7-50 毕业生对于工作总体满意度的评价情况

在工作薪酬满意度方面，鲁班工坊毕业生对工作薪酬的满意度较高，其中，50.28%的鲁班工坊毕业生对工作薪酬非常满意，21.79%的鲁班工坊毕业生对工作薪酬比较满意，两者之和占到72.07%（图7-51）。

非常满意	50.28%
比较满意	21.79%
不能确定	18.44%
较不满意	7.81%
非常不满意	1.68%

图7-51　毕业生对于工作薪酬满意度的评价情况

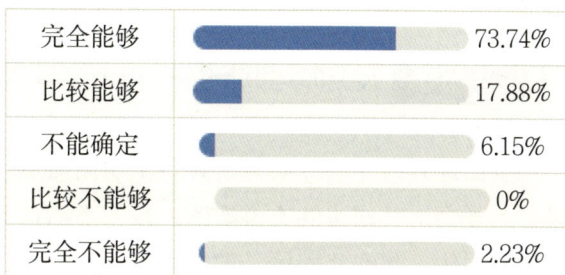

在工作环境适应性方面，73.74%的鲁班工坊毕业生完全能够适应单位的工作环境，17.88%的鲁班工坊毕业生比较能够适应单位的工作环境，两者之和高达91.62%（图7-52）。

完全能够	73.74%
比较能够	17.88%
不能确定	6.15%
比较不能够	0%
完全不能够	2.23%

图7-52　毕业生对于工作环境适应性的评价情况

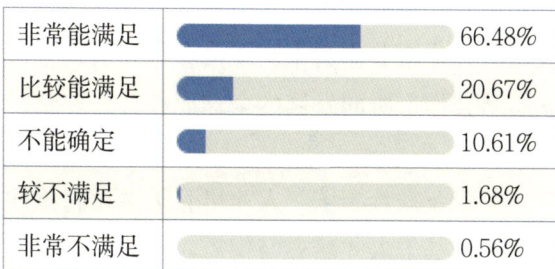

在工作胜任力方面，鲁班工坊毕业生对于鲁班工坊人才

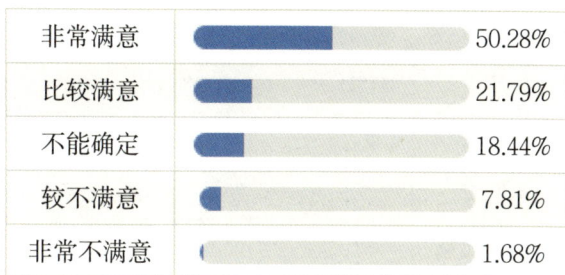

非常能满足	66.48%
比较能满足	20.67%
不能确定	10.61%
较不满足	1.68%
非常不满足	0.56%

图7-53　毕业生对于人才培养能够满足工作需要的评价情况

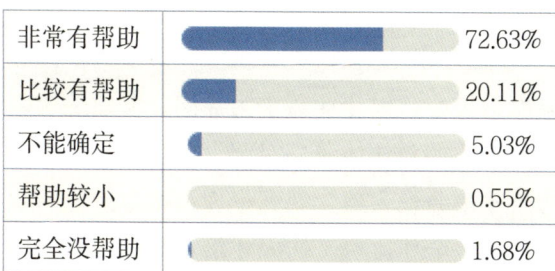

培养能够满足自身工作需要的评价较高，其中，66.48%的鲁班工坊毕业生认为非常能满足，20.67%的鲁班工坊毕业生认为比较能满足，两者之和达87.15%（图7-53）。

在未来工作发展方面，鲁班工坊毕业生对于鲁班工坊的学习经历有益于未来工作发展的评价较高，其中，72.63%的鲁班工坊毕业生认为非常有帮助，20.11%的鲁班工坊毕业生认为比较有帮助，两者之和高达92.74%（图7-54）。

非常有帮助	72.63%
比较有帮助	20.11%
不能确定	5.03%
帮助较小	0.55%
完全没帮助	1.68%

图7-54　毕业生对于学习经历是否有益于工作发展的评价情况

调查结果最终显示，鲁班工坊毕业生对鲁班工坊的推荐度很

非常愿意	74.86%
比较愿意	16.76%
不能确定	6.7%
较不愿意	0.56%
非常不愿意	1.12%

图 7-55　毕业生对于是否愿意将鲁班工坊推荐给亲朋好友去就读的评价情况

高，其中，74.86% 的鲁班工坊毕业生非常愿意将鲁班工坊推荐给亲朋好友去就读，16.76% 的鲁班工坊毕业生比较愿意将鲁班工坊推荐给亲朋好友去就读，两者之和高达 91.62%（图 7-55）。数据表明，鲁班工坊已经成为民生项目，获得了当地学生的高度好评。

第五节　人类命运共同体视角下全球鲁班工坊人才培养质量提升路径

全面提升人才培养质量是鲁班工坊高质量、可持续发展的核心。鲁班工坊是服务人类命运共同体的有益实践，在人类命运共同体视角下，建设理念共同体、文化共同体、制度共同体、责任共同体和行动共同体是全球鲁班工坊人才培养质量提升的有效途径。

一、理念共同体：树立团结合作、协同发展的人才培养合作理念

在人类命运共同体框架下，鲁班工坊人才培养作为中国积极参与和引领全球职业教育治理的具体实践，需要树立团结合作、协同发展的全球职教合作理念，承载共同的价值追求。

第一，树立共同的教育价值理念。在职业教育领域，人才培养是多元利益诉求的基础，全球职业教育发展的互利共赢是基于人才培养与供需对接的共赢。以鲁班工坊建设过程中的产教融合校企合作为例，实践显示，在"一带一路"建设背景下，人才培养是鲁班工坊产教融合校企合作中最重要的利益结合点：从企业角度看，鲁班工坊产教融合校企合作是一个"资源外溢"和"知识外取"的过程；从职业院校角度看，鲁班工坊产教融合校企合作是一个"知识外溢"和"资源外取"的过程。鲁班工坊建设应该以人才培养为核心，以企业需求为导向，参建院校以服务者角色与企业建立合作关系，形成完善的合作体系。对此，世界各国应该树立共同的教育价值理念，将鲁班工坊人才培养视为蕴含教育伦理和教育价值的职业教育国际交往秩序的规范性体系，这也是全球鲁班工坊人才培养质量提升的基本逻辑。

第二，强化全球整体意识。随着全球化的深入和科技进步，人类早已是一个

整体。在全球鲁班工坊建设过程中，世界各国应该强化全球整体意识，使合作国家树立合作意识和团结精神，基于鲁班工坊推动各国在全球职业教育治理中共担责任、共同应对、形成合力，进而建立全球职业教育治理伙伴关系，做到团结协作、平等相待、分享智慧、相互借鉴，取长补短、共克时艰，实现一种真诚友好的相处态度、同舟共济的相处模式、战略互信的相处原则，在秉承伙伴精神中增进世界人民之间的友谊、协调政策标准联通、推进合作共赢的境界。[①]

二、文化共同体：共建情理交融、开放包容的人才培养合作文化

人类命运共同体所要求的国际合作，是一种跨文化的、建立在多样性之上的合作，其最终目的既是增进全人类的共同利益，也是增进民族国家自身的利益。真正的国际合作，不仅是超越政治制度、经济制度和意识形态的合作，而且是超越文化差异和民族差别的合作。所以，国际合作不应以牺牲民族国家的多样性为代价，而应在保持民族国家多样性的前提下追求全球的文化认同和价值认同，做到"和而不同"。[②]

全球鲁班工坊人才培养与多元文化认同相互影响。全球鲁班工坊人才培养所涉及的文化十分丰富，基于共同的合作目标将合作国家不同特质的文化融合在一起，形成包容并蓄、和而不同的文化共同体。一方面，多元文化的互动与共生，为全球鲁班工坊人才培养提供了条件与动力；另一方面，多元文化认同又是全球鲁班工坊人才培养纵深发展的重要成果。在"一带一路"建设背景下，从生成过程来看，文化共同体的建设要经过搭建交流平台、化解文化矛盾、实现民心相通三个关键阶段。[③]

第一，搭建交流平台。积极建立联系、打开交流窗口、搭建交流平台是全球鲁班工坊人才培养文化共同体建设的基础。在"一带一路"建设背景下，世界各国职业教育发展应该始终以平等开放的姿态欢迎各国不同文化的汇聚和交流，以互联互通的载体来搭建文化交流的平台，发挥各国文化之所长，开启全球鲁班工坊人才培养文化共同体建设。

第二，化解文化矛盾。文化共同体建设是在不断发现并解决各国文化矛盾中持续推进的。以共建"一带一路"国家为例，由于参与国众多，不同国家的民族

①　欧庭宇：《论人类命运共同体理念的基本内涵、内在逻辑及时代价值》，《广西民族研究》，2020年第1期。

②　俞可平：《中国学者论中国与全球治理》，重庆出版社，2018年，第4页。

③　徐琴、孙绍勇：《"一带一路"文化共同体的生成逻辑探析》，《广西社会科学》，2019年第11期。

文化、产业文化等差异很大，一些国家又因为领土、宗教和种族等问题而矛盾重重，文化形势较为复杂，因而建设全球鲁班工坊人才培养文化共同体容易产生误解和摩擦。"拆墙补台、互学互鉴"是习近平主席为促进共建"一带一路"国家友好交流给出的中国方案，同样，也应该成为全球鲁班工坊人才培养文化共同体建设中化解文化矛盾的关键。

第三，实现民心相通。在"一带一路"建设背景下，实现民心相通对于国家之间提高政治互信、加强经济合作，进而增强全球鲁班工坊人才培养文化共同体建设具有重要意义。世界各国应该引导人民相互理解、相互尊重、相互信任，以开放包容的心态促进民心相通，使其成为全球鲁班工坊人才培养文化共同体建设价值的集中体现。

三、制度共同体：设计与时俱进、共生善治的人才培养合作制度

制度建设是全球鲁班工坊人才培养的重要保障。在全球鲁班工坊人才培养过程中，制度建设尤为重要，应该对现有制度进行改革和完善，进而提升全球职业教育治理能力。

第一，全球鲁班工坊人才培养问题的应对和解决需要完善的制度保障，全球需结成一个制度共同体。一方面，尽管各国发展的经济社会文化基础和环境不同，但是在职业教育制度设计上应该统一认识，强化融通内外的制度建设，促使国内和国际职业教育制度对接。另一方面，世界各国应该充分发挥职业教育制度优势，借助全球鲁班工坊人才培养实践，提高各国在全球职业教育治理中的影响力。

第二，丰富参与主体，将更多具有影响力、新兴的国际组织纳入制度建设范畴。吸引更多国家、国际组织、大型企业、行业协会、新型智库等参与全球鲁班工坊人才培养制度建设，以更好地发挥多元主体在制度共同体建设中的作用。尤其要将更多具有强影响力、新兴国际组织纳入项目建设范围。强影响力国际组织包括世界贸易组织（WTO）、经济合作与发展组织（OECD）、世界银行（WB）、国际货币基金组织（IMF）、欧亚经济联盟（EEU）、亚洲开发银行（ADB）、亚洲基础设施投资银行（AIIB）、丝路基金（SRF）、金砖国家新开发银行（NDB）、联合国教科文组织（UNESCO）等，以及新兴国际组织包括全球教育合作伙伴关系组织（GPE）、国际教育协会（AIE）等。

四、责任共同体：落实利益共生、多元发展的人才培养责任主体

责任共同体是全球鲁班工坊人才培养的必然要求。责任与利益紧密相关，需要重点关注以下两个方面：

第一，以利益共生为基础建立责任共同体。建立责任共同体的前提是确定共同的利益诉求。共同利益是指全球鲁班工坊人才培养中的单方利益与整体利益之间存在共损共荣关系。虽然不同国家和地区、不同职业教育参与组织在合作过程中所追求的利益不同，但是利益共生存在的前提是通过全球鲁班工坊人才培养能够产生各自的收益。需要关注的是，不同国家和地区的职业教育发展水平存在较大差异，多元的职业教育参与组织属于不同性质的利益实体，应该通过全球鲁班工坊人才培养来实现基于协商的资源整合与教育共识。

第二，以利益共享为中心建构责任共同体。对全球鲁班工坊人才培养不同类型的利益主体进行分析，明确多元利益诉求，以利益共享为中心建构全球鲁班工坊人才培养责任共同体。以鲁班工坊产教融合校企合作为例，在全球鲁班工坊人才培养中，职业院校的利益诉求是获取教育资源，提高人才培养质量，为学生创造就业创业机会，提升办学综合实力；企业的利益诉求在于获得高素质技术技能人才支持和技术支撑。在全球鲁班工坊人才培养责任共同体构建过程中，职业院校要充分考虑企业的利益诉求，以人才培养和技术服务为核心，构建校企双方均能受益的利益共享驱动机制。

五、行动共同体：构筑持续响应、自觉执行的人才培养行动共同体

任何问题的解决最终都要从理念落实到具体行动。在全球鲁班工坊人才培养过程中，必须结成全球鲁班工坊人才培养行动共同体，产生行动的集群效应。

第一，面对风险迅速响应的行动速度。在全球鲁班工坊人才培养中，中国可以牵头合作国家通过线上线下会议形式整体推进鲁班工坊人才培养进程。具体而言，中国要主动承担教师线上培训、学生在线指导等职责，围绕"多元结合、教学相长、分类施教"进行教学设计，推动开展高质量线上教学活动。与此同时，中国要树立文化自信，通过全球鲁班工坊人才培养丰富线上线下人文交流活动，加强合作交流，推动全球鲁班工坊高质量可持续发展，促进多国友好合作持续走向深入。

第二，积极自觉的行动能力。一是以角色引领行动。面对全球鲁班工坊人才培养困境，世界各国应该以参与者、合作者、引领者等多元角色积极参与全球鲁

班工坊人才培养质量提升实践，在提升本国职业教育吸引力和竞争力的同时，为全球职业教育发展贡献力量。二是以责任促进行动，世界各国需要明确权责利关系，搭建"全球—国家—地方"三层网络组织架构，加强信息沟通、经验互享、携手合作，秉持人类命运共同体理念，积极参与全球鲁班工坊人才培养共同体构建，提升全球鲁班工坊人才培养质量，尽最大努力巩固全球职业教育成果，共促全球职业教育实现更大发展。

第八章 鲁班工坊专业建设的理论和实践

第一节 鲁班工坊专业建设的逻辑分析

职业教育专业设置的总原则是建立地区技能人才需求预测和专业设置动态调整相协调的机制，提高人才需求预测和专业设置动态调整的精准性，不断提高职业教育的适应性，增强职业教育的吸引力，推动职业教育高质量发展。

鲁班工坊作为中外合作办学、中方院校联合外方建设者及企业设立在外方院校的新型中外合作项目，专业设置要以中方优势专业和外方院校需求以及外方劳动力市场对人才的需求为基本原则和目的。

一、鲁班工坊专业设置的原则和思路

（一）专业的定义

东西方对"专业"一词的理解不尽相同。西方国家普遍的认知是，专业是不同课程的组合，也就是不同的课程计划。联合国教科文组织在《国际教育标准分类 2011》中，认为教育的学科（Field of education）指一个教育课程、课目或单元所覆盖内容的广泛领域、分支或区域，通常称之为"科目（subject）"或"专业（discipline）"。也称之为"学习领域（field of study）"。教育课程是联合国教科文组织在界定专业这个词时的核心用语。而教育课程（Educational programme）是指为在一段持续的时期内达到预定的学习目标或一组具体的教育任务而设计和组织的一套连贯或有顺序的教育活动。在一个教育课程中，教育活动还可以被细分为各国所说的"课（courses）""单元（modules）""单位（units）"或"科目（subjects）"。一个教育课程也可以包含一些通常不具有课、单元、单位或科目的重要内容，诸如游戏教学活动、实习期、从事研究课题和准备学位论文等。

联合国教科文组织的观点比较相近于西方国家的主张。《现代汉语词典》认为，专业是"高等学校的一个系列或中等专业学校的，根据科学分工或生产部门的分工，把学业分成的门类"。《专业散论》从广义、狭义、特指三个层面来理解专业，其中特指的专业即高等学校中的专业，它是依据确定的培养目标设置于高等学校（及其相应的教育机构）的教育基本单位或教育基本组织形式，专业是课程的一种组织形式，因而在谈到课程时，其中也就包含了这种组织形式。[①]要准确理解专业的概念，还要区分学科和专业的区别。学科指的是作为知识体系的科目和分支，它与专业的区别在于它是偏重知识体系而言的，而专业多指向社会职业的领域。学科建设是专业建设的基础，专业建设为学科建设提供了平台和保障。准确完整地理解专业的含义对专业设置和专业建设至关重要，专业建设的水平是高职高专院校人才培养工作的基石，是职业院校办学质量的保证，更是职业教育高质量发展的保障。

（二）鲁班工坊专业设置的原则和思路

鲁班工坊专业设置的总原则和目的是构建高质量人才自主培养体系，提高生产力水平，更好地服务鲁班工坊所在国的经济社会发展。

1. 专业设置要新，以增强教育的适应性和吸引力为目标，突出针对性和灵活性

专业设置的适应性。要重点围绕区域支柱产业、特色产业和新兴产业发展需求，与知名企业合作，进行充分调研论证，以新标准、新技术、新装备、新材料、新工艺为核心内容，以国际先进的职业教育理念为指导进行专业设置。

专业设置的针对性。要主动对接国际产业技术发展的最新技术标准，要针对经济社会发展阶段和产业结构转型升级的要求，科学合理并有前瞻性地对人才的需求作出预测，结合家长和学生的专业选择设置专业和招生人数等。《关于深化现代职业教育体系建设改革的意见》指出，要"搭建人才供需信息平台，推行产业规划和人才需求发布制度，引导职业学校紧贴市场和就业形势，完善职业教育专业动态调整机制，促进专业布局与当地产业结构紧密对接"。

专业设置的灵活性。专业目录的修改周期显著缩短，2021 年教育部发布了新修订的《职业教育专业目录》，此后几年，专业目录也有修改。瑞典高等职业教育署分析与研究部商业分析师认为，雇主对专业技术人才的需求一直在变，为适

---

① 彭朝晖、张俊青、杨筱玲：《职业教育适应性提升——职业院校专业建设特色化研究》，北京理工大学出版社，2021 年，第 14 页。

应这些需求，必须灵活设置不同种类的专业。

教育部职业教育发展中心组织编写的《行业人才需求与职业院校专业设置指导报告（第5辑）》指出，要增强职业教育专业设置的适应性和针对性，就要做到以下七点：一是对接职业岗位群需求，合理构建专业体系，畅通人才培养体系。二是适应行业发展态势，动态调整专业培养规模，提升人才缺口较大的专业的吸引力，扩大招生。三是结合国家战略、行业规划和区域优势，合理引导和优化调整专业结构布局。四是对接职业岗位要求，完善专业教学标准，优化课程体系，提高人才能力素质水平与岗位要求的契合度。五是适应行业发展新变化，融入新技术、新工艺、新知识等要求，及时更新教学内容。六是建立专业评价机制，健全专业动态调整机制。七是深化产教融合，优化资源配置，提升专业人才培养质量。

2.严格规范原则

专业设置的原则和思路具有普遍性。普通高等院校本科、职业院校和鲁班工坊的专业设置都要遵循基本的普遍性原则。专业设置要以市场对人才的需求为导向，兼顾可行性原则（院校自身的能力），并坚持适度超前原则，以区域和全局的协调发展为目标，以教育的高质量发展为最终目的。

（1）增设专业要严格

国家在调整专业目录，尤其增设专业科目时，要全面研究市场对人才的需求，专业的增设既必须又必要，且不可为了增设专业而不断修改专业科目。在增设新专业前，院校应该研究论证增设专业的可行性和必要性，使专业的增设具有科学性和可执行性，要研究增设专业对院校的特色化发展和学科建设的有益性和可促进性。

（2）专业设置要规范

规范专业名称和专业名称的调整。职业院校在专业设置的过程中，要严格按照教育部颁布的专业目录，规范使用专业名称，不得随意更改专业名称。如果高校要调整专业为目录内专业，要按照增设该专业的备案程序办理，院校不得私自调整专业名称。如果院校调整的专业为目录外的新专业，也要按审批程序办理。要避免"新瓶装旧酒"，即不同的专业名称采用同样的培养目标、课程标准、实训标准，也要避免同样名称的专业却有不同的培养目标、课程标准和实训标准。

规范专业撤销。通过梳理发现，近几年教育部对大数据与会计、现代文秘、电子商务、旅游管理、市场营销、计算机应用、空中乘务等68个专业撤销布点

2635 个。高校在撤销专业的过程中要征求校内意见，要按照一定的程序经公示后报教育部备案。

3. 融合融通原则

通过将不同学科和专业领域的知识和技能融合在一起，以培养学生的综合能力，使其能够适应未来社会和科技发展的需求。打破固有的学科观念，破除文理科的原有理念，以培养学生的创新能力和发散思维为目标，做跨文化、跨学科、跨区域和国别、跨时代超前性的研究，融合不同学科的内容、观点和研究方法，系统性综合性地设置学科和专业，为人才培养和职业教育的质量提升提供新的发展思路。比如人工智能是研究、开发用于模拟、延伸和扩展人的智能的理论、方法、技术及应用系统的一门新的技术科学。人工智能融合了计算机、哲学、概率和数理统计、认知心理学、生理学等学科的知识和内容。

二、鲁班工坊专业建设的主要内容

（一）专业培养目标的建设

专业培养目标的确立是专业建设的最核心内容，也是整个专业建设的基础和开端，决定了人才培养的方向。培养目标的定位和规格决定了职业院校毕业生的"德"，也决定了人才培养与市场需求的契合度。教育部公布的《职业教育专业目录》《职业教育专业简介》《高等职业学校专业教学标准》以及各职业院校的《人才培养方案》是职业教育专业培养目标确立的关键。鲁班工坊的专业培养目标是培养学生的综合素质、职业技能和创新能力。以产教融合、工学结合的育人机制，努力培养全面发展的服务于鲁班工坊所在国经济社会发展的高素质技能人才。

（二）专业课程体系的建设

课程体系的构建、课程内容的确定、教学方法的确立是专业建设最主要的内容。课程体系的建设以培养学生的全面素质为目标，以培养学生职业素质为重点，并贯穿整个教学过程，分解落实到各个教学环节。课程体系构建要在分析专业培养目标和培养规格的基础上，分析专业的职业能力要求。根据专业能力要求，确定公共基础课和专业课程的设置，在专业课程的构建中，根据专业基础课程、专业核心课程和专业拓展课程设定，在此基础上进行教学进程总体安排。鲁班工坊的课程体系构建也要遵循这些标准、方法和程序。

（三）专业教学团队的建设

教师是立教之本、兴教之源，是教育发展的第一资源。"双师型"教师队伍建设，是职业教育专业建设的重要基础工程。20多年来，"双师型"教师概念的内涵和外延都得到了极大丰富。新质生产力的提出，给"双师型"教师队伍建设提出了更高的要求。职业教育"双师型"教师队伍建设不仅要培养一批具备传统知识和实践能力的高素质人才，更要具有创新精神，了解和掌握大数据、人工智能、互联网、云计算等新技术和发展趋势。《关于深化现代职业教育体系建设改革的意见》对"双师型"教师的培养机制和途径作了详细说明：一是建设一批国家级职业教育"双师型"教师培养培训基地。二是提升职业教育师资培养和课程体系的开发。注重定制化、个性化培养培训。三是提升职业学校教师学历，定向培养专业研究生。四是职业学校名师（名匠）名校长培养计划。五是教师的选聘和流动。设立产业导师特聘岗，招聘企业行业业务骨干、优秀技术和管理人才，最终提高教师的思想政治素质、职业道德水平和业务能力。鲁班工坊对教师的选用和培训要坚持这些做法。

（四）专业设施的建设

设施是指为某种需要而建立的机构、系统、组织、建筑等。专业设施是进行正常教学活动的物质支撑，也是高素质人才培养的助推器。教学活动的开展，需要基本的教学场地和合适的教学环境，专业设施建设是每一个专业教学的特殊要求，不同的专业有不同的需求。从大的方面来说，专业设施包括专业教室、校内实训基地和校外实训基地。专业教室一般要求配备黑（白）板、多媒体计算机、互联网接入并符合网络安全防护要求，安装应急照明装置并保持良好状态，符合紧急疏散要求，标志明显，保持逃生通道畅通无阻。

（五）专业建设评价机制

科学、合理、多元评价机制的建立是专业建设高质量的重要保障。专业建设评价是对院校专业设置与发展的一次系统性、全面性评价，是促进院校专业建设的一项有效手段。科学有效地开展专业建设评价可提高院校的专业建设水平，促进院校的学科发展和教学改革。专业培养目标是评价目标确立的最主要依据。专业建设评价主要包括：专业建设培养目标评价、课程体系建设评价、专业建设成果评价、专业教学质量评价、"双师型"教师队伍建设评价、专业设施建设成果评价等。

第二节 鲁班工坊专业建设的实践

鲁班工坊的专业建设在遵循国际标准、紧密结合当地发展需求的基础上，通过开设丰富的课程、开发高质量的教材和信息化教学资源等措施，确保了专业建设的高质量和高水平。

一、鲁班工坊专业建设与发展

从 2016 年 3 月第一个鲁班工坊——泰国鲁班工坊成立，到 2023 年 12 月，被鲁班工坊建设联盟认定的鲁班工坊共有 29 个，工坊覆盖亚非欧三大洲的 27 个国家，其中非洲 16 个、欧洲 5 个、亚洲 8 个。参建中方院校涵盖普通本科院校 4 所、高职院校 19 所、中职院校 5 所。普通本科院校包括天津职业技术师范大学、天津理工大学、天津农学院和中德应用技术大学。高职院校包括天津渤海职业技术学院、天津铁道职业技术学院、天津轻工职业技术学院、天津机电职业技术学院等。中职院校包括天津市经济贸易学校、天津市红星职业中等专业学校等。参建鲁班工坊的中方院校共有 28 所，其中天津 23 所，来自其他省市的职业院校 5 所，包括陕西铁路工程职业技术学院、金华职业技术学院、浙江旅游职业学院等。

表 8-1 鲁班工坊专业设置统计

序号	工坊名称	专业设置
1	泰国鲁班工坊	机电一体化技术 机械制造及自动化 物联网应用技术 新能源汽车技术
		（高铁）动车组检修技术 （高铁）铁道信号自动控制
2	英国鲁班工坊	中餐烹饪
3	印度鲁班工坊	光伏发电技术与应用专业（光伏工程技术） 数控设备应用与维护专业（智能制造装备技术） 机械设计与制造（3D 制作） 工业机器人技术
4	印度尼西亚鲁班工坊	汽车运用与维修 电子技术应用专业（无人机方向） 中餐烹饪

（续表）

序号	工坊名称	专业设置
5	巴基斯坦鲁班工坊	电气自动化技术 机电一体化技术
6	柬埔寨鲁班工坊	机电一体化 现代通信工程 旅游管理 建筑智能化工程技术
7	葡萄牙鲁班工坊	工业机器人技术 电气自动化技术
8	吉布提鲁班工坊	铁道工程技术 铁道交通运营管理
		物流管理 国际商贸
9	肯尼亚鲁班工坊 （肯尼亚马查科斯大学）	云计算与信息安全
10	南非鲁班工坊	物联网应用技术 增材制造技术
11	马里鲁班工坊	中医技术专业（基于针灸推拿专业） 中药和保健技术专业（基于中药制药专业）
12	尼日利亚鲁班工坊	电气电子工程
		土木工程（铁道工程方向） 机械工程（车辆工程方向） 机械工程（交通运输方向）
13	埃及鲁班工坊 （艾因夏姆斯大学）	新能源应用技术 数控设备应用与维护专业（智能制造装备技术） 汽车运用与维修技术
14	埃及鲁班工坊 （开罗高级维修技术学校）	数控加工技术 汽车维修技术
15	科特迪瓦鲁班工坊	机械工程 电气工程及自动化
16	乌干达鲁班工坊	黑色冶金技术 机电一体化技术
17	马达加斯加鲁班工坊	电气工程 信息技术
		汽车工程 机械工程

（续表）

序号	工坊名称	专业设置
18	埃塞俄比亚鲁班工坊	制造技术 电子与通信技术 电气与控制技术 电气自动化与控制技术管理
19	保加利亚鲁班工坊	作物学 植物保护 智慧农业（农业工程） 电子商务
20	摩洛哥鲁班工坊	跨境电子商务
21	肯尼亚鲁班工坊 （肯尼亚铁路培训学院）	铁道工程技术 铁道信号自动控制 铁道通信与信息化技术 铁道交通运营管理 铁道供电技术 铁路物流管理
22	卢旺达鲁班工坊	电气自动化技术 电子商务
23	塞尔维亚鲁班工坊	烹饪工艺与营养
24	加蓬鲁班工坊	机械加工技术专业 电气工程及自动化专业 汽车检测与维修技术专业
25	贝宁鲁班工坊	信息技术 电子电工技术 工业制造与工业设备维修技术
26	塔吉克斯坦鲁班工坊	城市热能应用技术 建筑工程技术
27	俄罗斯鲁班工坊	通信专业
28	哈萨克斯坦鲁班工坊	运输设备及技术
29	乌兹别克斯坦鲁班工坊	信息技术 现代物流管理专业

　　鲁班工坊作为一项职业教育合作项目，截至 2023 年 12 月，29 个鲁班工坊共计设置专业 70 余个，其办学层次涵盖了研究生、本科、高职和中职各个层次。

开设的专业归属于交通运输、加工制造、旅游服务、装备制造、机械、电子信息、自动化、控制科学与工程等大类。这些专业旨在培养具有实际操作能力和创新精神的技术技能人才，以满足鲁班工坊所在国社会和经济发展的需求。合理的专业设置确保了教育资源的有效配置，并满足了不同层次和领域的人才培养需求。鲁班工坊专业建设遵循国际化的专业开发模式，各鲁班工坊在专业设置上以国际化的专业教学标准为依据，确保教学质量和教育水平与国际接轨。鲁班工坊专业建设紧密结合当地经济社会发展，使得专业设置更加符合当地市场的实际需求。在满足国际化标准的同时，鲁班工坊还注重专业建设的高质量，通过不断创新和优化教学体系，培养出具有国际竞争力的高素质人才。鲁班工坊的专业建设取得巨大成就。

为完成专业建设任务，高质量推进鲁班工坊专业建设，各鲁班工坊建设院校以国际化的课程标准为依据，开设了超过 530 门课程。为了配合这些课程，开发了大量与之相配套的高质量教材和信息化教学资源。其中，已公开出版的相关教材（包括中外文版本）达到了 144 本，而相关的校本教材（含中外文自编实训讲义、工作手册等）更是多达 420 本。这些教材不仅内容丰富，而且紧跟时代步伐，确保了教学内容的先进性和实用性。在信息化教学资源的建设上，鲁班工坊也取得了显著成果。截至 2023 年 12 月，已拥有 PPT 教学课件 6518 个，视频资源总时长达到了 54168 分钟，为师生提供了丰富多样的学习材料。同时，还建立了包含 956 个题库的考试系统，有助于对学生的学习效果进行全面、客观的评估。

二、鲁班工坊专业和课程设置分析

（一）专业设置体现了鲁班工坊中方建设院校的优势专业

鲁班工坊的专业结构是鲁班工坊专业建设的结果，是中外双方承建院校、企业协商合作共同作用的结果。鲁班工坊的核心目标，是培养适应合作国经济社会发展急需的高素质技术技能人才，鲁班工坊的建设还将培养熟悉中国技术、产品、工艺的本土技术技能人才，让他们进入"走出去"的中国企业，为当地青年带来更多就业与发展的新机遇。鲁班工坊建设的高目标，要求鲁班工坊建设的供给侧提供高质量的教育资源。鲁班工坊的建设，以中外双方共同制定认可的国际化专业教学标准为依据，以国家级优秀教学成果——工程实践创新项目为教学模式，以全国职业院校技能大赛所选用的优秀教学装备为基础，以校企合作开发"四位一体"的立体化教学资源为内容，这使得鲁班工坊的专业设置都以中方建设院校的优势专业为基础和根本，这保证了鲁班工坊的培养目标、课程体系构建、教师队伍、教学设备等的高目标和高质量。

中德应用技术大学在柬埔寨鲁班工坊开设机电一体化专业。机电一体化专业是中德应用技术大学建立最早的专业之一，也是中德应用技术大学在校生人数最多、就业率最高的品牌专业。该专业建成了 4 门国家级精品课程、2 门国家级精品资源共享课程、1 门市级精品课程、2 门院级精品资源共享课程，编写了"十一五""十二五"规划教材 4 本；专业团队教师指导的学生近 5 年在全国职业技能大赛中获得一等奖 2 人次、二等奖 2 人次，在天津市职业技能大赛中夺得一等奖 8 人次、二等奖 5 人次，是教育部机电一体化技术专业首批师资培训基地。2014 年，"开发技能赛项与教学资源，推进高职机电类专业综合实训教学的改革与实践"获国家级教学成果特等奖；2013 年，成为天津市首批招收四年制联合培养本科生的高职专业之一；2013 年，招收外国留学生，开创了天津市高职专业学历教育招收外国留学生的先河。[①]

天津机电职业技术学院在葡萄牙开设的鲁班工坊设有电气自动化和工业机器人 2 个专业，其中电气自动化技术专业是中央财政技能重点建设专业、天津市示范校重点建设专业、全国机械行业骨干专业、天津市优质校建设骨干专业，而工业机器人专业是天津市优质校建设骨干专业、天津市"双一流"建设专业、教育部工业机器人开放式公共实训基地以及教育部全国职业院校装备制造类示范专业。天津机电职业技术学院在南非鲁班工坊开设物联网应用技术专业。本专业的专业教师公开发表论文 30 余篇，主持承担省部级科研项目 10 余项，已取得国家专利授权 30 余项；主持完成天津市职业培训包 1 项；主持建设国家精品课程 1 门，国家级精品资源共享课程 1 门；主编或参编出版工学结合教材 10 余部；指导学生荣获国家级、省部级 10 余项奖励。毕业生可获取"1+X"传感网应用开发中级证书和华为 HCIA-IoT 物联网工程师认证。

（二）以需求为导向，主动对接所在国经济建设和产业发展需求

鲁班工坊的核心目标，是培养适应合作国经济社会发展急需的高素质技术技能人才。鲁班工坊紧紧围绕所在国经济社会发展对技术技能人才的需求设置专业、开发课程资源，以契合当地经济社会发展的方式为合作国培养人才。[②]

---

① 《机电一体化技术》中德应用技术大学官网，https://zs.tsguas.edu.cn/info/1050/1597.htm。
② 金永伟、杨延：《2020 年鲁班工坊建设与发展报告》，天津人民出版社，2020 年，第 255 页。

表8-2 部分新建鲁班工坊专业设置与各国经济政策和区域合作计划

项目	专业	各国经济政策和区域合作计划
埃及鲁班工坊	数控设备应用与维修技术、新能源应用技术、汽车运用与维修技术	中国"一带一路"建设"可持续发展战略：埃及2030愿景"
摩洛哥鲁班工坊	跨境电子商务	中国"一带一路"建设2021—2025年的工业加速计划2.0丹吉尔穆罕默德六世科技城项目
乌兹别克斯坦鲁班工坊	信息技术现代物流管理	中国"一带一路"建设"乌兹别克斯坦——2030"战略中乌《经贸和投资合作发展规划（2022—2026年）》
塔吉克斯坦鲁班工坊	工程测量技术城市热能应用技术	中国"一带一路"建设塔吉克斯坦2030年前国家发展战略塔吉克斯坦2030年前工业发展战略《中塔合作规划纲要》（2017）
哈萨克斯坦鲁班工坊	运输设备及技术	中国"一带一路"建设哈萨克斯坦"光明之路"新经济政策战略《哈萨克斯坦国家战略2050》

共建"一带一路"国家是引入鲁班工坊的主要合作国，项目所在国政府都在大力发展经济，制定了符合本国国情的发展战略，许多国家有大量中资企业开展生产经营活动。鲁班工坊建设项目符合双方政府发展经济的战略规划和区域合作计划，鲁班工坊培养的学生符合当地社会经济发展的需要，与当地企业对人才需求的规格相一致。巴基斯坦鲁班工坊定位于服务中巴经济走廊高素质本土化技术技能人才的培养，中巴经济走廊可以加强中国和巴基斯坦之间交通、能源、海洋等领域的交流与合作，促进两国共同发展。巴基斯坦鲁班工坊的专业设置、课程标准、实训设备、师资培训和人才培养体系，适应了当地产业需求。柬埔寨鲁班工坊初期开设有机电一体化和通信技术2个专业，而柬埔寨正大力发展基础设施、能源、房地产、旅游等产业，鲁班工坊2个专业培养的学生正是柬埔寨经济发展急需的。

（三）专业和课程设置科学合理，主动对接世界职教前沿理论和先进技术

各鲁班工坊专业设置与经济和区域经济发展的适应性高，专业设置科学准确，与人才需求精准对接，面向地区、行业、企业急需人才设置专业，专业培养

目标明确。课程体系的构建以培养学生的职业素质为核心，贯穿整个教学过程。每一个专业都有一套科学、规范、稳定的专业培养方案。教学计划、教学方案、教学模式符合世界潮流和现实需要。鲁班工坊以国际化专业教学标准为依据，以国家级优秀教学成果——工程实践创新项目为教学模式，以全国职业院校技能大赛所选用的优秀教学装备为基础，这反映了先进理念和先进技术在鲁班工坊建设中的广泛采用。

2016 年，柬埔寨鲁班工坊通信专业的实训中心使用了当时世界领先水平的、具有中国自主知识产权的第四代移动通信国际标准 TD-LTE，在培训中心建成了 5 个可运营级别的 TD-LTE 移动通信实验室，培训中心使用的技术和设备都是当时最先进的。[1] 天津城市建设管理职业技术学院与塔吉克斯坦技术大学共建城市热能应用技术和工程测量 2 个专业，建成绿色能源实训中心和智能测绘实训中心 2 个教学区。以前上课使用的测绘设备大都十分陈旧，使用前需要进行烦琐的调试，运算只能通过人工进行。在鲁班工坊中，中国提供的设备实现了全自动化，还有电脑软件进行辅助运算，操作简便，容易上手。30 台电脑全部配备了 4 套虚拟仿真学习软件，能够应用 3D 等技术，模拟数十个实际场景。[2] 数字水准仪、智能全站仪和全球导航卫星系统接收机等仪器，代表着目前中国乃至全球顶尖技术的测绘设备鲁班工坊都有配备。

（四）产教融合校企合作，企业深度参与专业和课程建设

产教融合、校企合作，是实现职业教育高质量发展的重要途径。鲁班工坊在专业建设过程中，以企业对人才的需求为目标，力求在数量和质量上满足企业的需求。从制定专业培养目标开始，企业就参与其中，在实训基地建设、教材编写、师资培训等方面，企业成为重要的建设者和参与者。企业深度参与鲁班工坊的专业规划、人才培养规格确定、课程开发、师资队伍建设。企业与其他主体一起研制鲁班工坊教学装备，与企业合作开展联合招生、委托培养或订单式培训，鲁班工坊为企业员工开展岗前培训、岗位培训等，企业贯穿鲁班工坊的建设和教学全过程。

天津铁道职业技术学院直接把鲁班工坊的坊外实训基地，建在了亚吉铁路那噶得车站和阿布贾城轨车辆段，真正实现课程内容与职业标准对接、教学过程

---

① 胡春艳：《鲁班工坊："一带一路"上的技术驿站》，《中国青年报》，2023 年 10 月 21 日。

② 颜欢、谢亚宏、邢雪、于洋：《弘扬工匠精神 架起民心相通桥梁（共建"一带一路"·第一现场）》，《人民日报》，2023 年 8 月 13 日。

与生产过程无缝对接。天津职业大学与华为公司、西安增材制造国家研究院有限公司、德班理工大学合作，体系化设计人才培养路径，为德班理工大学开发物联网应用技术、增材制造技术 2 个专业的一年制高级证书培训标准及三年制本科专业教学标准。南非鲁班工坊开设的物联网应用技术专业是天津职业大学的重点专业，浙江华为通信技术有限公司、新大陆科技集团、深圳市讯方技术股份有限公司、宜科（天津）电子科技有限公司、天津天地伟业等单位是天津职业大学物联网应用技术专业的实训基地。柬埔寨鲁班工坊开设的机电一体化专业是中德应用技术大学在校生人数最多、就业率最高的品牌专业，自"十五"期间以来，与国内外多家知名企业德国博世力士乐、德国西门子、德国费斯托、日本三菱电机、浙江亚龙集团等建立良好合作关系，接受多家企业超千万元设备捐助，拥有先进的专业实验、实训室，设备资产总值近 2000 万元。

（五）科学丰富的教学资源

鲁班工坊参建中外院校（应用技术大学）在教学资源建设中，以中外双方共同认可的国际化专业教学标准为依据，开发课程标准和进行教学资源建设。每一个鲁班工坊都开发了数量众多、具有国际水平的高质量国际化专业教学资源。鲁班工坊以培养适合所在国经济社会发展所需技术技能人才为主要目的。在课程标准制定、课程设置、培养目标上具有明显国际化的特征。鲁班工坊教学资源建设数量多，形式多样。不仅有公开出版的教材，还有校本教材。不仅有纸质资源，还有丰富的网上教学资源。[①] 不仅有常见的以音视频呈现的教学资源，还有以图片、合页本呈现的专业图片资源。不仅有多媒体课件，还有题库。模块化、系列化开发专业教学资源是鲁班工坊中方参建院校在总结中国职业教育教学资源建设经验基础上的必然选择，鲁班工坊专业教学资源开发路径保障了专业教学资源的高质量。

第三节　鲁班工坊专业建设的适应性分析
——以中亚国家鲁班工坊专业建设为例

2023 年 5 月，首届中国—中亚峰会举行，中国—中亚峰会的举行在中国同中亚国家关系发展史上具有里程碑意义。近几年来，中国和中亚各国深入拓展务实合作，不断密切人文交流，高质量共建"一带一路"，为构建更加紧密的中国—

---

① 金永伟、杨延：《2021 年鲁班工坊建设与发展报告》，天津人民出版社，2021 年，第 192 页。

中亚命运共同体注入新动能。

在"一带一路"建设和中国—中亚组织框架下，职业院校适应中亚各国经济社会发展对技能型人才的需求，与中亚国家院校合作，在政府的帮助下，创办了多所鲁班工坊，鲁班工坊的专业建设取得巨大成绩。中亚国家鲁班工坊的专业建设完美契合了鲁班工坊所在国的产业需求和中外双方企业合作的共同要求，鲁班工坊的专业建设适应性极高。中亚各国产业发展现状和中国与中亚各国的经济合作项目，为鲁班工坊的专业建设提供了现实要求和未来规划需求。

一、中国—中亚国家产业结构的内在联系

中亚地区位于欧亚大陆的中部，是东来西往、南上北下的要冲，总面积约400万平方公里，人口近7800万。近几年来，中国—中亚各国经贸合作高速推进，投资贸易增长强劲。2023年，中国同中亚五国贸易额接近900亿美元，同比增长27.2%，再创历史新高。2022年，六国元首共同宣布打造中国—中亚命运共同体，中国同中亚合作机制应运而生，中国同中亚国家的经济合作不仅促进了各国经济社会发展，也改善了地区产业结构和地缘经济格局。"一带一路"建设提出后，中亚地区成为共建"一带一路"框架内合作项目最多的地区之一。中亚国家鲁班工坊专业建设的实践对今后鲁班工坊专业建设适应性的提高有指导意义。

（一）中国—中亚国家产业结构互补性强

中亚地区资源禀赋优越。例如哈萨克斯坦钨矿储量为200万吨，居世界第1位，占全球储量的50%以上；铬矿储量居世界第一位，目前已探明储量的铬矿有20个，总储量超过2.3亿吨，占世界储量的1/3；石油储量非常丰富，已探明储量居世界第十一位、独联体第二位。塔吉克斯坦矿产资源丰富，种类全、储量大。2022年，乌兹别克斯坦天然气开采量居世界第十六位（欧佩克组织数据），黄金开采量居世界前十位，铀矿开采量居第五位。吉尔吉斯斯坦拥有世界级的大型矿床，如库姆托尔金矿、哈伊达尔干汞矿、卡达姆詹锑矿等。土库曼斯坦和乌兹别克斯坦则是主要的天然气生产国，前者因拥有名列世界前茅的天然气储备而被称为"站在大气包上的国家"。

由于历史和地理环境的影响，与世界市场的联通受到阻碍。阻碍中亚各国资源大规模开发主要有两个原因：一是无先进的开采技术，二是无资金的支持。而在改革开放中快速发展的中国市场，与中亚各国形成强烈的互补关系。"在能源领域，哈、土、乌等油气生产国希望建立多元、安全、高效的能源走廊。中

国的能源市场潜力和交通运输走廊对中亚各国有突出吸引力，与中国的能源合作成为其首选方向。互利共赢的合作模式给中国和中亚各国人民带来了福祉。"①

（二）中亚各国的中长期发展战略积极对接中国的"一带一路"建设

2013 年 9 月、10 月，中国国家主席习近平在出访中亚和东南亚国家期间，先后提出共建"丝绸之路经济带"和"21 世纪海上丝绸之路"。

中亚国家对"一带一路"建设积极响应和支持，还纷纷提出本国的中长期发展战略，与"一带一路"开展对接合作。如哈萨克斯坦提出"光明之路"新经济政策，与中国签署产能合作的协议；土库曼斯坦提出"复兴丝绸之路"战略，塔吉克斯坦、吉尔吉斯斯坦、乌兹别克斯坦分别提出 2030 年前国家发展战略、2040 年发展战略和"新乌兹别克斯坦"2022—2026 年发展战略，都与中国签署了参与"一带一路"合作文件。②

二、中亚国家鲁班工坊专业建设的适应性分析

鲁班工坊专业建设的适应性主要体现在两个方面：一是专业设置适应鲁班工坊所在国的产业结构发展要求，二是专业设置符合中外合作建设项目对人才结构、数量和素质的要求。

（一）哈萨克斯坦

1. 哈萨克斯坦的产业发展

哈萨克斯坦的重点（或特色）产业有以下几个：

采矿业。采矿业是哈萨克斯坦国民经济的支柱产业。2022 年，哈萨克斯坦采矿业产值约 538.77 亿美元，同比增长 15.9%，在工业总产值中占比 51.1%。包括石油天然气开采业和矿产资源开采业。2022 年石油和凝析油产量 8570 万吨，天然气 543 亿立方米。

制造业。哈萨克斯坦制造业主要包括石油加工和石化工业、轻纺工业、建材、家用电器和汽车制造、机械设备和黑色、有色金属材料生产，以及烟酒和食品及制药工业。

建筑业。2022 年，哈萨克斯坦建筑业产值为 136.3 亿美元，比 2021 年增长 10.2%，建筑业在国内生产总值中所占比重为 6.10%。

---

① 《中国—中亚合作不断走深走实》，《人民日报》（海外版），2024 年 6 月 22 日。
② 文龙杰：《中国—中亚的"激荡 30 年"》，《中国新闻周刊》，2023 年 5 月 29 日。

农业。哈萨克斯坦地广人稀，全国可耕地面积 2292.5 万公顷，每年农作物播种面积约 1600 万—1800 万公顷。主要农作物包括小麦（占粮食作物产量的 90% 左右）、玉米、大麦、燕麦、黑麦。

服务业。哈萨克斯坦服务业占国内生产总值的比重高于农业和工业。2022 年，哈萨克斯坦服务业产值约 1154.38 亿美元，占国内生产总值总量的 52.5%。

近年来，哈萨克斯坦正在加速发展可再生能源。哈萨克斯坦计划在 2030 年前将可再生能源发电比例提高至 15%。哈萨克斯坦电力系统的主要挑战是现有电力设施严重老化，2023 年哈政府出台"以投资替代收费"计划，用于改造和升级电力设施。

根据哈萨克斯坦《产业和创新发展规划》，哈萨克斯坦将培育新的生产要素增长点，包括发展高质量的工业、数字和认证基础设施，培育人力资源优势。哈萨克斯坦将发展新的资本密集型和技术密集型产业。[①]

2. 中哈经济合作

2022 年 2 月，中哈两国达成共识，将以高质量共建"一带一路"为主线，以产能、贸易、农业、基础设施建设为优先方向，不断提升互联互通水平。

表 8-3 2023 年中企在哈萨克斯坦部分项目进展情况

序号	项目名称	时间	性质	中方公司名称
1	哈萨克斯坦巴库塔钨矿项目取得阶段性进展	2023 年 4 月	在建·开工	中国土木工程集团有限公司
2	哈萨克斯坦克杰公路项目三标段开始沥青摊铺	2023 年 6 月	在建·开工	中国土木工程集团有限公司
3	哈萨克斯坦 JJE 和 Dostyk 风电项目股权交割	2023 年 12 月	运营·完成	中国电力国际有限公司与阳光新能源开发股份有限公司

数据来源：中国"一带一路"网、《中企海外项目周报》。

2022 年，中国与哈萨克斯坦双边货物贸易额达到 311.74 亿美元，较 2021 年增长 23.6%。中哈全面加强互联互通，推动一批重大战略项目在哈落地实施，

[①] 商务部对外投资和经济合作司、商务部国际贸易经济合作研究院、中国驻哈萨克斯坦大使馆经济商务处：《对外投资合作国别（地区）指南·哈萨克斯坦（2023 年版）》，中华人民共和国商务部，http://fec. mofcom.gov.cn/article/gbdqzn/#。

促进经贸合作提质升级。

3.哈萨克斯坦鲁班工坊建设

截至 2022 年底，哈萨克斯坦劳动力人口约 942.98 万人，失业人口为 45.83 万人，失业率为 4.9%。从劳动者的总体素质看，哈萨克斯坦产业工人专业技能偏低，存在工作效率不高、流动性大等问题。专业技术人员、高素质人才匮乏的状况尚未得到改善。

根据哈萨克斯坦产业发展需要、中哈经济合作的实际需求、哈萨克斯坦劳动者的缺陷以及合作院校的双向意愿，2023 年 12 月 9 日，哈萨克斯坦鲁班工坊试运行仪式在东哈萨克斯坦技术大学隆重举行。哈萨克斯坦鲁班工坊由天津职业大学和东哈萨克斯坦技术大学承建，初期开设运输设备及技术专业。根据中哈双方经济合作项目以及哈萨克斯坦国家发展战略，新能源汽车、智能技术、建筑、农业类相关专业是哈萨克斯坦鲁班工坊专业设置的方向。

（二）乌兹别克斯坦

1. 乌兹别克斯坦的产业发展

2022 年，乌兹别克斯坦国内生产总值为 803.8 亿美元，同比增长 5.7%。第一、二、三产业占国内生产总值的比重分别为 33.4%、25.1% 和 41.5%。乌兹别克斯坦自然资源丰富，盛产的"四金"——黄金、"白金"（棉花）、"乌金"（石油）、"蓝金"（天然气）是乌国民经济支柱产业。乌兹别克斯坦的重点（或特色）产业有以下几个：

工业。①汽车工业。乌兹别克斯坦是中亚最早开始生产汽车的国家，所产汽车包括雪佛兰牌轿车和自主品牌"拉沃"轿车（雪佛兰车贴牌）、五十铃牌客车和货车、MAN 牌货车，还包括汽车发动机和蓄电池。②采矿业。乌兹别克斯坦是世界重要黄金和天然气开采国之一。2022 年，黄金开采量 105 吨；天然气开采量 516.6 亿立方米，同比下降 4.0%。③纺织业。乌兹别克斯坦是产棉国，2022 年产棉 351 万吨，居全球第六位。乌兹别克斯坦轻纺领域有超过 3500 家纺织企业和 4700 多家服装企业，以小企业和私人企业为主。

农业。乌兹别克斯坦是传统的农业国，粮食可基本自给自足。2022 年，谷物产量约 799.5 万吨，同比增长 4.7%。

根据乌兹别克斯坦发展规划，未来乌兹别克斯坦将充分挖掘工业潜力，将工业附加值增加到 450 亿美元，并创造 250 万个高薪工作岗位；大力发展"绿色经济"，大幅提高可再生能源使用率，将可再生能源发电占比提高至 40%；大力发展数字技术，将乌兹别克斯坦打造为中亚地区的"IT 中心"。加强旅游业立法，使其成为国民经济的战略部门，占国民经济的比重从 2017 年的 2.3% 提高到 5%。提高数字经济占国内生产总值比重、发展数字基础设施、开展"百万程序员"培养计划、建设"数字塔什干"。[①]

2. 中乌经济合作

中国 2016—2020 年连续五年成为乌兹别克斯坦第一大贸易伙伴，据中国海关统计，2022 年，中国与乌兹别克斯坦双边货物贸易额约 97.8 亿美元。2023 年上半年，中国超越俄罗斯成为乌最大贸易伙伴，为乌第一大进口来源国和第二大出口对象国。

表 8-4 2023 年中企在乌兹别克斯坦部分项目进展情况

序号	项目名称	时间	性质	中方公司名称	备注
1	乌兹别克斯坦体育场馆建设项目	2023 年 1 月	签约·中标	中工国际	2025 年乌兹别克斯坦塔什干第四届夏季亚洲青年运动会和第五届亚洲残疾人青年运动会现代体育场馆建设项目（一标段和二标段）EPC 总承包商务合同
2	乌兹别克斯坦巴什和赞克尔迪风电项目开工	2023 年 3 月	在建·开工	中国能建	该项目是中亚区域在建总装机容量最大的风力发电项目
3	乌兹别克斯坦布哈拉公路改扩建工程	2023 年 3 月	签约·中标	中国路桥	该项目是中亚区域经济走廊 A380 通道的重要组成部分，为乌兹别克斯坦境内东西走廊最主要的干线公路，也是中国路桥第一次中标亚洲基础设施投资银行投资的现汇工程项目
4	乌兹别克斯坦布斯坦灌溉渠道修复项目完成	2023 年 3 月	运营·完成	中铁二十局	该项目全长 35.2 公里，建成后将有效改善乌兹别克斯坦卡拉卡尔帕克斯坦自治共和国境内 3 个地区、10 多万公顷农田的水资源短缺问题，灌溉效率将提高 60%

[①] 商务部对外投资和经济合作司、商务部国际贸易经济合作研究院、中国驻乌兹别克斯坦大使馆经济商务处：《对外投资合作国别（地区）指南·乌兹别克斯坦（2023 年版）》，中华人民共和国商务部，http://fec.mofcom.gov.cn/article/gbdqzn/#。

（续表）

序号	项目名称	时间	性质	中方公司名称	备注
5	乌兹别克斯坦塔什干州光储电站项目开工	2023年3月	在建·开工	中国能建	该项目由 ACWA Power 牵头投资开发，是跨国企业第三方市场合作的重要成果
6	乌兹别克斯坦赞克尔迪风电项目500兆瓦变电站开工	2023年3月	在建·开工	中国能建	赞克尔迪风电项目是中亚地区在建规模最大的风电项目乌兹别克斯坦布哈拉1吉瓦风电项目的重要组成部分
7	乌兹别克斯坦塔什干国际金融科技大学建设项目	2023年5月	签约·中标	中国电建市政建设集团有限公司	项目采用中国规范及中国标准
8	乌兹别克斯坦谢拉巴德500兆瓦光伏项目全面动工	2023年6月	在建·开工	中国机械工业集团有限公司	该项目位于乌兹别克斯坦苏尔汉河州，国机集团下属企业中国机械设备工程股份有限公司负责项目的设计、供货、建设以及运行维护等工作
9	乌兹别克斯坦布哈拉风电项目首台风机吊装正式启动	2023年7月	在建·开工	中国能建	乌兹别克斯坦布哈拉风电项目是中国能建在中亚地区的首个大型新能源项目，也是中亚地区在建最大风电项目
10	乌兹别克斯坦凯纳尔旅游娱乐设施景观设计项目	2023年8月	签约·中标	中国中元国际工程有限公司	—
11	乌兹别克斯坦500兆瓦光伏项目勘察设计合同	2023年9月	签约·中标	中国能建新疆院	项目规划建设容量500兆瓦，计划2023年和2024年分期建设完成

（续表）

序号	项目名称	时间	性质	中方公司名称	备注
12	乌兹别克斯坦撒马尔罕水泥项目顺利点火	2023 年 9 月	在建·开工	中国能建	—
13	乌兹别克斯坦 A380 公路重建工程项目实现全线贯通	2023 年 11 月	运营·完成	中铁二十局	—
14	乌兹别克斯坦绿氢项目举行开工仪式	2023 年 11 月	在建·开工	中国电力建设集团	—
15	乌兹别克斯坦锡尔河燃机项目 500 千伏变电站投运	2023 年 11 月	运营·完成	中国能建总承包	标志着乌兹国家电网公司正式入驻变电站实施管理
16	乌兹别克斯坦 100 万千瓦风电项目谅解备忘录	2023 年 12 月	签约·中标	中国大唐集团海外投资有限公司	—
17	乌兹别克斯坦 1 吉瓦光伏项目首期 400 兆瓦实现并网发电	2023 年 12 月	运营·完成	中国能建葛洲坝海外投资有限公司	该项目是中资企业在中亚地区投资的最大光伏项目
18	乌兹别克斯坦塔什干 Rohat 商业和住宅项目	2023 年 12 月	签约·中标	中建五局第三建设有限公司	—

数据来源：中国"一带一路"网、《中企海外项目周报》。

截至 2023 年 11 月 1 日，在乌兹别克斯坦注册的中资企业有 2028 家，主要从事油气勘探开发、天然气管道建设和运营，煤矿、电站、泵站、公路和化工厂建设，铁路电气化与电信网改造，汽车组装、纺织、农业、皮革及陶瓷等业务。目前，在乌华人数量约 8000—10000 人，开展油气、工业、农业、能源类、交通、化工、园区和基础设施建设等项目合作。

3. 乌兹别克斯坦鲁班工坊建设

根据乌兹别克斯坦产业发展需要、中乌经济合作的实际需求、乌兹别克斯坦劳动者的缺陷以及合作院校的双向意愿，2023 年 11 月 20 日，天津海运职业学院与乌兹别克斯坦塔什干国立交通大学、乌兹别克斯坦中国企业商会共同签署《乌兹别克斯坦鲁班工坊建设合作协议》。乌兹别克斯坦鲁班工坊开设信息技术和现代物流管理 2 个专业。根据中乌双方经济合作项目和乌兹别克斯坦经济发展需求，基建、地质、石油与天然气、能源动力、数字经济以及农业相关专业是乌兹别克斯坦鲁班工坊专业设置的方向。

（三）塔吉克斯坦

1. 塔吉克斯坦的产业发展

2022 年，塔吉克斯坦国内生产总值为 1157.39 亿索莫尼，同比增长 8.0%。塔吉克斯坦的重点（或特色）产业有以下几个：

铝业。铝业生产为全国支柱产业，在经济中处于领军地位。近年来，国际铝价下滑，塔吉克斯坦铝业生产也面临不少困难，塔吉克斯坦正在设法提高产品的经济附加值，争取由目前以出口初级铝为主，过渡到以出口铝型材制品为主。

煤炭工业。塔吉克斯坦已发现有褐煤、烟煤、焦煤和无烟煤等，探明储量共计约 45.98 亿吨。焦煤质量及储量都属中亚之最，品质好，塔吉克斯坦无烟煤按质量等级排名世界第二，储量 515 万吨。

石油天然气业。据统计，塔吉克斯坦油气储量分别为 1.13 亿吨和 8630 亿立方米。2022 年，塔吉克斯坦原油开采量为 2.48 万吨。

农牧业。2022 年，塔吉克斯坦农牧业总产值 492.72 亿索莫尼（约合 44.69 亿美元），同比增长 8.0%。其中，种植业产值 339.02 亿索莫尼，同比增长 7.7%；畜牧业产值 153.7 亿索莫尼，同比增长 8.7%。

建筑业。塔吉克斯坦近年来房地产开发建设速度明显加快，2022 年，塔吉克斯坦建成约 170.15 万平方米房屋投入使用。[1]

---

① 商务部对外投资和经济合作司、商务部国际贸易经济合作研究院、中国驻塔吉克斯坦大使馆经济商务处：《对外投资合作国别（地区）指南·塔吉克斯坦（2023 年版）》，中华人民共和国商务部，http://fec.mofcom.gov.cn/article/gbdqzn/#。

2. 中塔经济合作

据中国海关总署统计，2022 年中塔货物贸易额为 25.99 亿美元，同比增长 40.4%。其中，中国出口额 22.17 亿美元，同比增长 32.4%；中国进口额 3.82 亿美元，同比增长 117.6%。截至 2023 年 12 月，塔吉克斯坦吸引外资的重点方向是水电站建设、工业化、交通基础设施建设、矿产资源开采和加工、农产品加工等。

表 8-5 2023 年中企在塔吉克斯坦部分项目进展情况

序号	项目名称	时间	性质	中方公司名称	备注
1	塔吉克斯坦铅锌矿别列瓦尔矿区项目开工	2023 年 1 月	在建·开工	中国电建水电十局	主要施工内容包括矿区深部开拓、掘进、采矿、支护、运输等
2	塔吉克斯坦塞布佐水电项目	2023 年 2 月	签约·中标	东方电气集团国际合作有限公司	电站机电设备供货项目合同
3	中亚区域连接项目－霍罗格大桥及明洞项目	2023 年 3 月	签约·中标	中国路桥	包括 200 米和 81 米两座桥梁，900 米桥梁连接线，以及 550 米明洞
4	塔吉克斯坦格拉夫纳亚水电站技改项目完工	2023 年 4 月	运营·完成	中国电建所属水电十六局与成都院联营体	—
5	塔吉克斯坦巴达赫尚风光储项目	2023 年 11 月	签约·中标	山东电工电气集团有限公司	—

数据来源：中国"一带一路"网、《中企海外项目周报》。

据中国商务部统计，2022 年中国企业在塔吉克斯坦新签承包工程合同 37 份，新签合同额 9.21 亿美元，完成营业额 4.67 亿美元。累计派出各类劳务人员 583 人，年末在塔吉克斯坦劳务人员 1604 人。近年来，中塔两国在基础设施、农业和工业等领域不断加强合作，有色金属、建材、电力、轻纺、化工等产业产能合作成效显著。中资企业在塔投资开发的经贸合作区包括：中塔工业园区、中泰新丝路塔吉克斯坦农业纺织产业园、中塔农业合作示范园区、河南黄泛区农业示范园区等。

3. 塔吉克斯坦鲁班工坊建设

根据塔吉克斯坦产业发展需要、中塔经济合作的实际需求、塔吉克斯坦劳动者的缺陷以及合作院校的双向意愿，2022 年 11 月 29 日，塔吉克斯坦鲁班工坊启动运营仪式在天津城市建设管理职业技术学院和塔吉克斯坦技术大学同步举行。塔吉克斯坦鲁班工坊开设城市热能应用技术和工程测量技术两 2 个专业。根据中塔双方经济合作项目以及塔吉克斯坦国家发展战略，农业、能源、交通相关专业是塔吉克斯坦鲁班工坊专业设置的方向。

（四）吉尔吉斯斯坦

1. 吉尔吉斯斯坦的产业发展

吉尔吉斯斯坦的重点（或特色）产业有以下几个：

农业。农业是吉尔吉斯斯坦经济的支柱产业。2022 年，农林牧业产值为3546.81 亿索姆（约合 42.16 亿美元），同比增长 7.3%。

工业。2021 年，工业产值为 4259.46 亿索姆（约合 50.63 亿美元），同比增长 11.4%。其中，采矿业产值约 469.41 亿索姆（约合 5.58 亿美元），同比增长12.66%；加工业产值 3307.63 亿索姆（约合 39.32 亿美元），同比增长 23.97%；供电供气供热产值 443.37 亿索姆（约合 5.27 亿美元），同比增长 4.91%；供水及废料加工产值为 39.04 亿索姆（约合 4640 万美元），同比减少 11.89%。[①]

吉尔吉斯斯坦经济规模较小，境内以中小微企业为主。

根据吉尔吉斯斯坦发展规划，吉尔吉斯斯坦拟在"中亚国家经济合作计划"框架下实施修复 4 条具有国际走廊意义的公路项目。加快经济数字化转型，拉动国家经济发展。将电力行业发展为可盈利行业。

2. 中吉经济合作

中国是吉尔吉斯斯坦第一大贸易伙伴和第一大进口来源国，也是吉尔吉斯斯坦第一大投资来源国。据中方统计，2022 年中吉双边贸易额 155 亿美元，同比

---

① 商务部对外投资和经济合作司、商务部国际贸易经济合作研究院、中国驻吉尔吉斯共和国大使馆经济商务处：《对外投资合作国别（地区）指南·吉尔吉斯斯坦（2023 年版）》，中华人民共和国商务部，http://fec.mofcom.gov.cn/article/gbdqzn/#。

增长 105.6%，创下历史新高；截至 2022 年底，中国对吉尔吉斯斯坦直接投资存量约 15.4 亿美元。

表 8-6 2023 年中企在吉尔吉斯斯坦部分项目进展情况

序号	项目名称	时间	性质	中方公司名称
1	吉尔吉斯斯坦比什凯克市热力管网改造项目	2023 年 3 月	签约·中标	中国路桥工程有限责任公司
2	吉尔吉斯斯坦南北替代第二条公路一期项目特长主隧道贯通	2023 年 8 月	在建·开工	中国路桥工程有限责任公司
3	吉尔吉斯斯坦 BK70 项目 Lot2 标全线贯通	2023 年 10 月	在建·开工	中国电建所属水电十六局
4	吉尔吉斯斯坦金矿矿建 EPC 合同	2023 年 10 月	签约·中标	中国电建
5	吉尔吉斯斯坦道路修复项目商务合同	2023 年 12 月	签约·中标	中国路桥工程有限责任公司

数据来源：中国"一带一路"网、《中企海外项目周报》。

中国在吉尔吉斯斯坦投资和经济合作项目主要涵盖基础设施建设、矿产资源开发、通信、农业等领域。在吉华人华侨约 15 万人，主要分布在比什凯克市、楚河州、奥什市、贾拉拉巴德州等地。

3. 吉尔吉斯斯坦鲁班工坊建设

吉尔吉斯斯坦是农业国，约有 40% 的劳动力务农，加之本国工作机会少、工资低，形成大量的劳动移民。每年在境外工作谋生的吉尔吉斯斯坦公民约有 111.8 万人。

　　根据吉尔吉斯斯坦产业发展需要、中吉经济合作的实际需求、吉尔吉斯斯坦劳动者的缺陷，建筑、地矿、通信、农业发展类相关专业是吉尔吉斯斯坦鲁班工坊专业设置的方向。

第九章 鲁班工坊品牌建设的理论和实践

　　鲁班工坊品牌建设具有深厚的社会价值、教育价值、经济价值和外交价值。其基本出发点是通过具有品牌力的职业教育交流与合作，促进合作国青年人的技能提升，提高其就业竞争力，为当地产业发展提供合适的技术人才。更为重要的是，通过职业教育领域的丰富多元的人文交流，增进国家间的多元文化理解与互信，促进民相亲、心相通，为构建人类命运共同体提供坚实的社会基础和推动力。初创于天津的鲁班工坊已经成为中国职业教育出海的金字名片，在发展定位、建设标准、建设原则以及质量管理等方面，具有丰富的实践经验和理论内涵，为全球职业教育合作树立了典范。未来，鲁班工坊将继续加强项目自身建设，为全球青年提供更多高质量的职业教育机会；同时，通过品牌建设、合作、管理和保护，提升鲁班工坊的品牌内在价值和国际影响力。

第一节 鲁班工坊品牌建设的重要意义

　　品牌是相关事物的符号象征，建立和维持一个一致的品牌表达是创建一个成功产品的重要内容。[①] 随着鲁班工坊项目在全球 27 个国家落地生根，中国职业教育理念和优质资源在全球范围内广泛传播，为提升合作国的青年人技能提供了优质方案，为构建人类命运共同体贡献了东方智慧。鲁班工坊项目经过 7 年发展，已经成为中国职业教育扬帆出海的金字招牌，成为中外人文交流的知名品牌，其意义不仅局限于教育领域，更在社会、经济、外交等方面具有深远影响。

---

① McCormack J.P. Cagan J., Vogel C.M.,Speaking the Buick Language: Capturing, Understanding, and Exploring Brand Identity with Shape Grammars, *Design Studies*, 2004, 25(1): 1–29.

一、社会价值：促进人类命运共同体理念的国际传播

人类命运共同体理念强调各国在经济、文化、环境等领域的相互依存与共同发展，鲁班工坊项目理念与之非常契合。鲁班工坊以"平等合作、因地制宜、优质优先、产教融合、共建共享"为基本理念，致力于推动不同国家、不同文化背景下职业教育的交流融通。通过在全球范围内设立鲁班工坊，将中国职业教育理念和实践成果与世界各国分享，体现了中国的责任担当。鲁班工坊品牌建设也促进了人类命运共同体理念的全球传播。通过鲁班工坊这一平台，来自不同国家的学生、教师可以加深对彼此文化的理解，增进友谊，缩小分歧，为构建一个持久和平、普遍安全、共同繁荣、开放包容、清洁美丽的世界贡献智慧和力量。可以说，鲁班工坊品牌建设是中国积极参与全球职业教育治理、履行国际责任的具体体现，是推动人类命运共同体理念在中国职业教育国际化发展领域中的生动实践，有力地促进了人类命运共同体理念的国际传播。

二、教育价值：培养高素质技术技能人才，推动国际人文交流

鲁班工坊品牌建设的核心教育价值在于通过产教融合，为合作国培养高素质技术技能人才，推动国际教育交流与合作，提升合作国的职业教育水平。鲁班工坊以弘扬精益求精的职业操守和崇尚技能的职教理念为宗旨，通过分享中国先进的职教模式和优质教育资源，为合作国培养了一批理论基础扎实、实践技能过硬的技术技能人才，有力支撑了当地产业经济发展。同时，鲁班工坊搭建了多层次、宽领域的国际交流合作平台，开展师资培训、学生交流、学分互认、技能竞赛、国际会议等项目和活动，推动中外职业教育标准互通、人才培养互鉴和学术交流。鲁班工坊品牌建设不仅提升了我国职业教育的国际影响力，也为合作国职业教育改革发展提供了有益借鉴，实现了优质教育资源的共享共赢。通过鲁班工坊独特的教育模式和国际合作项目，有效促进了全球职业教育的发展与合作，为合作国培养高素质技术技能人才和推动国际人文交流作出了重要贡献。

三、经济价值：提升青年人技能水平，助力当地产业转型升级

鲁班工坊品牌建设在提升青年人技能水平、助力当地产业转型升级方面展现出显著的经济价值。首先，鲁班工坊通过培养掌握新知识、新技术、新工艺的高素质技术技能人才，为合作国的产业转型升级提供了智力支持和人才保障，增强了其国际市场竞争力。其次，鲁班工坊积极推动产教融合与校企合作，与国内外

知名企业联合办学、共建实训基地，实现专业设置与产业需求的紧密对接，教学内容与生产实际的深度融合，促进了人才培养与产业发展的良性互动。最后，鲁班工坊通过主动服务"一带一路"建设，融入全球产业链、价值链，助力合作国企业和产品走出国门，提升了当地企业和产品的国际竞争力。这些举措不仅为合作国经济发展注入了新动力，也为国际经济贸易良性循环拓展了新空间。鲁班工坊品牌建设通过其独特的经济价值，有效推动了全球经济合作与产业升级，为推动全球发展、实现共同繁荣增添了新动力。

第二节　鲁班工坊品牌的建设基础

鲁班工坊品牌建设是一项系统工程，需要政治、教育、法律等多方面的基础支撑。从理论基础来看，鲁班工坊品牌建设是品牌建设和管理理论在职业教育境外办学领域的生动实践，深刻诠释了鲁班工坊品牌影响力形成与提升的理论逻辑。从教育基础来看，鲁班工坊品牌建设是中国职业教育改革成果的集中展示，是中国先进职教理念和优质教育资源"走出去"的重要载体。从法律基础来看，鲁班工坊品牌建设得益于国家知识产权保护制度的不断完善，商标注册成功等为品牌建设提供了有力的法律保障。正是在这些基础性工作的支撑下，鲁班工坊品牌建设才能蓬勃开展，取得丰硕成果。

一、理论基础：品牌建设与管理理论

品牌意识和观点最早可以追溯到罗马时代，市场经济之后品牌研究开始发展起来。自20世纪80年代以来，品牌理论发展非常丰富，并细化为多个阶段，如品牌、品牌战略、品牌资产、品牌管理和品牌关系等。[1] 这一体系涵盖了品牌起源、品牌形象、品牌定位、品牌生命周期、品牌组合、品牌延伸、品牌设计、品牌运营以及品牌关系等方面的理论。其中，以大卫·艾克（David Aaker）提出的品牌资产模型比较著名，被学者广泛接受和引用。他认为，作为品牌资产基础的资产或负债必须与品牌的名称或符号相关联，进而提出了定义品牌价值的5个核心维度：品牌忠诚度（Brand loyalty）、品牌知名度（Name awareness）、感知质量（Perceived quality）、品 牌 联 想（Brand associations in addition to perceived quality）和其他专有品牌资产（专利、商标、渠道关系）（Other proprietary brand assets patents,

---

[1]　卢泰宏、吴水龙、朱辉煌等：《品牌理论里程碑探析》，《外国经济与管理》，2009 年第 1 期。

trademarks, channel relationships, etc.），^①而这些要素共同构成品牌的资产，可以有效提高品牌的市场地位和竞争力。中国学者在这些领域也颇有创新。该领域研究者的成果为鲁班工坊的品牌化发展提供了重要的理论支撑。鲁班工坊作为国际职业教育培训的重要项目，成为中国"职教出海"的标志性品牌，为全球职业技能教育提供了宝贵的公共产品。自项目创立之初，品牌建设就被纳入整体设计框架，并在实施过程中同步推进品牌化战略，确立了其作为项目发展的核心要素。鲁班工坊的品牌定位不仅彰显了中国职业教育国际合作的知名度，更成为中国对外文化交流的亮丽名片。项目的核心目标是为合作国家培养符合当地经济和社会发展需求的高素质技术技能型人才。天津作为鲁班工坊的发源地，已获得多项重要品牌认证，包括国家知识产权局颁发的《外观设计专利证书》、国家版权局颁发的《作品登记证书》、英国鲁班工坊商标证书及中国的商标注册证书。这些举措基于品牌建设理论，充分表明品牌化发展是项目建设的核心考量之一。

二、教育基础：鲁班工坊是中国职业教育改革成果的集中体现

自改革开放以来，中国与国外进行的职业教育领域的交流合作频率更高，类型和层次更为丰富，领域也更为宽广，为中国职业教育发展吸收了丰富的国际元素。中国职业教育改革具有深厚积淀。中国自160多年前开办职业教育以来，现代职业教育制度体系逐渐建立起来。20多年来，中国在全国开展了多轮国家级的职业教育试验区、示范区改革，取得了丰富的职业教育教学成果。在国际合作交流方面也不断探索，形成了稳定的新思路、新模式。中国的职业教育的办学模式、管理机制、技能大赛不断成熟，特别是在国际化专业教学标准体系等方面积累了丰富的经验和大量优秀成果，使中国职业教育的教育理念、教育模式、教学标准、教育资源、教育装备日益被其他国家所认可，具备了教育"走出去"的条件。同时，成立了天津市鲁班工坊研究与推广中心等，在项目建设的规模化与优质化、管理运行的制度化与标准化、教育服务的本土化与多元化等方面全力推进和保障鲁班工坊规范发展，项目从政府间合作逐步拓展到校际合作、专业合作，从单纯引进国外职业教育资源拓展到海外办学，为我国职业教育探索新经验、新路径。中国的开放包容精神，以及其在国际物流、对外贸易、营商环境和人文环境方面的努力，进一步促进了鲁班工坊的品牌建设，使其成为中国职业教育改革成果的集中体现。

---

① Aaker D.A., *Managing Brand Equity: Capitalizing on the Value of A Brand Name*,New York: The Free Press, 1991,pp.15–17.

三、法律基础：知识产权保护制度为鲁班工坊发展提供了重要法律保障

知识产权保护制度是鲁班工坊顺利发展的后盾。鲁班工坊作为职业教育国际合作的重要品牌，其品牌形象、教学资源、技术成果等均涉及知识产权的保护。我国高度重视知识产权保护，不断完善相关法律法规，为鲁班工坊的海外发展提供了坚实的法律基础。首先，中国在知识产权立法方面取得了显著进展，制定了《中华人民共和国商标法》《中华人民共和国专利法》《中华人民共和国著作权法》等一系列法律法规，形成了较为完善的知识产权法律体系。这些法律法规为鲁班工坊的商标注册、技术专利申请、教学资源保护等提供了明确的法律依据。其次，我国逐渐加强了知识产权执法力度和专业性，建立了专门的知识产权执法机构，严厉打击各类知识产权侵权行为，为鲁班工坊的合法权益提供了强有力的体制保护。最后，我国积极参与国际知识产权合作，加入了多个国际知识产权组织和条约，如世界知识产权组织（WIPO）及其版权条约（WIPO Copyright Treaty, WCT）与表演和录音制品条约（WIPO Performances and Phonograms Treaty, WPPT）、《保护工业产权巴黎公约》（Paris Convention for the Protection of Industrial Property）、《保护文学和艺术作品伯尔尼公约》、《马德里协定及其议定书》（Madrid Agreement and Madrid Protocol）等，为鲁班工坊在国际合作中的知识产权保护提供了国际法律支持。在具体实践中，鲁班工坊积极运用国家知识产权保护制度，通过商标注册、专利申请、版权登记等方式，保护其品牌形象和教学资源，防止知识产权被侵权和滥用。同时，鲁班工坊还建立了内部知识产权管理制度，加强知识产权的日常管理和风险防控，确保知识产权的合法使用和有效保护。总之，知识产权保护制度在一定程度上保护了鲁班工坊项目在国际合作中的合法权益，为鲁班工坊的品牌建设和国际化发展奠定了法律基础。

第三节　鲁班工坊品牌的建设内容

鲁班工坊品牌建设是一项复杂的系统工程，涉及品牌定位、合作原则、标准规范、知识产权保护、发展规划、持续发展等多个方面。其中，明确鲁班工坊作为民生项目的品牌定位是品牌建设的基础和前提；坚持"共商共建共享"的合作

原则，构建平等互利的伙伴关系是品牌建设的关键；完善标准规范与质量管理体系，是确保品牌建设质量的重要保障；加强知识产权保护，维护品牌合法权益是品牌建设的必然要求；整合国内外智力资源，提供品牌发展战略咨询则是推动品牌建设不断升级的重要举措。只有全面把握、系统推进这些重点工作，鲁班工坊品牌建设才能在更大范围、更高水平上服务"一带一路"建设，推动构建人类命运共同体。

一、明确民生项目的品牌定位，满足合作国的核心需求

鲁班工坊作为职业技能传播的"小而美"[①]民生项目，致力于促进合作国青年人就业，是深化中外人文交流、促进民心相通、文明互鉴的重要教育公共产品。鲁班工坊的品牌定位明确，以"大国工匠"形象为依托，坚持平等合作、因地制宜、优质优先、强能重技和产教融合五项基本原则，充分考虑合作对象的建设基础与发展需求，优选我国达到先进水平的专业及教学装备，与合作国的本土院校合作，分享中国产业发展和职业教育发展成果，与合作国共同培养本土急需的高素质技术技能人才，服务国家"一带一路"建设，促进人类命运共同体建设。2018 年，我国在中非合作论坛北京峰会开幕式上提出中非"八大行动"倡议，强调"在中非合作过程中，中国始终高度重视青年、关注青年，不断开展对非洲青年的友好工作"，"着眼青年、培养青年、扶助青年，致力于为他们提供更多就业机会、更好发展空间"，决定"在非洲设立 10 个鲁班工坊，向非洲青年提供职业技能培训"。在 2023 年 10 月第三届"一带一路"国际合作高峰论坛开幕式上，我国发表声明，其中，鲁班工坊作为一种"小而美"民生及民心相通类项目被纳入了中国支持高质量共建"一带一路"的八项行动。从实践来看，鲁班工坊项目是实实在在的国计民生工程。自 2016 年起，中国职业院校陆续在非洲、亚洲、欧洲等共建"一带一路"国家合作建成了一批鲁班工坊，培养了众多学历教育学生，并进行了大量的社会培训，为合作国源源不断地输送着高素质技能人才，也让许许多多的青年实现着他们的职业梦想。鲁班工坊项目涵盖中职、高职、应用型本科和研究生教育，开办专业有先进制造、电子信息、交通运输、商贸、农业等 14 个大类近 70 个专业。其中，16 个国际化专业教学标准经过合作国认证，

---

① 习近平：《建设开放包容、互联互通、共同发展的世界——在第三届"一带一路"国际合作高峰论坛开幕式上的主旨演讲》，https://www.gov.cn/gongbao/2023/issue_10786/202310/content_6912661.html.，2023 年 10 月 18 日。

进入其国民教育体系。

二、坚持平等合作等原则，构建密切伙伴关系

鲁班工坊坚持"共商共建共享"等国际合作原则，构建平等互利伙伴关系，是鲁班工坊在国外办学成功的关键所在。面对政治、经济、文化等不确定性因素，中方整合教育资源，适应合作国特点，提出实施方案，强调五项原则：平等合作、因地制宜、优质优先、产教融合、共建共享。平等合作是首要原则，确保中外院校自愿参与，集思广益，共同商讨合作方式。考虑到各国经济和技术差异，鲁班工坊积极吸纳合作单位诉求，建设符合当地需求的技能人才培养项目。中方院校优先选择优质专业和师资，提升品牌价值。通过聚集办学资源，实施"五业联动"，推动产教融合，确保高标准项目实施。在共建共享方面，中方提供专业建设方案和师资培训，合作方负责场地建设与教学管理，形成优势互补的办学模式。鼓励企业和行业协会参与，密切联系当地经济需求。通过互利共赢的合作，推动鲁班工坊建设与运行，培养更多当地青年，提升社会技能水平，提高就业质量，实现各方共享发展机遇和成果。

三、完善质量管理体系，促进品牌的可持续发展

标准是品牌建设的基石，规范是品牌建设的准绳。鲁班工坊作为国际品牌项目，遵循标准化、规范化建设。鲁班工坊建设模式的重要经验是在准入方面实施软硬件的标准化建设，确保鲁班工坊的建设场地、实训装备、师资建设、专业标准和教学资源达到高标准。建设标准贯彻"五到位"要求，即场地建设、实训装备、教师培训、专业标准、教材资源 5 个方面达到高标准后才可揭牌运行。鲁班工坊的场地建设、实训装备配置、师资培训、专业开发和教学资源建设均严格遵循合作专业的实际需求，确保满足学历教育与职业培训的要求，并达到国际技能竞赛标准。鲁班工坊核心要义概括为"12345"，即一块教育合作与人文交流品牌，具有学历教育与教育培训两种功能，通过院校间合作、校企合作及政府间合作三条路径实施，具体表现为教学模式、教学标准、教学装备、师资培训四个方面内涵，并坚持"平等合作、因地制宜、优质优先、产教融合、共建共享"五项原则。完善标准规范与质量管理体系是确保鲁班工坊品牌建设质量的重要保障。

四、加强知识产权保护，维护品牌合法权益

品牌是鲁班工坊的核心资产，商标、专利、版权等知识产权则是确立品牌法律地位的关键要素。加强知识产权保护是维护鲁班工坊品牌合法权益的重要举措。

首先，国内商标注册取得重要进展。天津市教育科学研究院受托向国家知识产权局商标局成功申请注册在第 41 类"教育培训"上的鲁班工坊商标，并成功撤销近似商标，为鲁班工坊的合法权益和品牌保护奠定了坚实基础。

其次，国际商标注册取得重要突破。天津市教育科学研究院获得英国商标局颁发的第 41 类鲁班工坊商标注册证书，有效期 10 年，受保护范围包括教学、教育服务、学术讨论会安排等 10 个方面。英国鲁班工坊商标注册成功，不仅保护了英国鲁班工坊的合法权益，还为其他国家的鲁班工坊商标注册工作提供了示范，增强了鲁班工坊的国际话语权和共建"一带一路"的独特贡献。

最后，鲁班工坊外观设计专利和著作权授权顺利。鲁班工坊 LOGO 和牌匾分别获得国家版权局的《作品登记证书》和国家知识产权局的《外观设计专利证书》。在中国教育国际交流协会的指导下，鲁班工坊建设联盟制定了《鲁班工坊建设规程》《鲁班工坊运营项目认定标准（试行）》等规范性文件，明确了通过认定的项目方可冠名"鲁班工坊"并使用标识的原则。通过加强知识产权保护，鲁班工坊有效提升了自身的品牌价值和市场竞争力。

五、聚合智力资源，为品牌发展提供支持

天津市鲁班工坊研究与推广中心整合国内外智力资源，提供品牌发展战略咨询，并认真做好鲁班工坊标准研发和宣传推广等工作，这是推动鲁班工坊品牌建设不断升级的重要举措。

首先，以天津实践为主进行建设成果宣传。出版发布年度《鲁班工坊建设与发展报告》和《鲁班工坊发展概览（中英双语版）》〔《鲁班工坊发展蓝皮书（中英双语版）》〕，在 2023 年天津市职业院校技能大赛期间举办鲁班工坊专题展览，接待国外院校来访等，在外事活动中宣介天津鲁班工坊品牌，发挥鲁班工坊品牌的社会价值。

其次，进行宣传工作培训。面向全市鲁班工坊建设院校举办鲁班工坊境外办学和外宣工作培训班，科学维护鲁班工坊品牌的社会价值。同时，根据项目建设任务的需要，广泛吸纳相关专家学者、行业精英的智力支持，通过专家咨询、项

目合作等方式，为品牌发展出谋划策。高度重视国别化研究，深入研究合作国文化传统、发展需求、教育政策，提供精准化、差异化的品牌发展咨询。

最后，进行年度监测与质量评估。鲁班工坊研究与推广中心制定了鲁班工坊建设发展质量评价与监管制度，以 3 年为一个建设周期，对鲁班工坊总体建设、人才培养、资金使用和实施效果等方面进行质量评估。目前，已经对泰国鲁班工坊、英国鲁班工坊、葡萄牙鲁班工坊等 8 个项目进行了质量评估。同时，对每个工坊进行年度监测和风险评估，保障鲁班工坊稳定运行。

第四节　鲁班工坊品牌的未来发展

鲁班工坊品牌建设是一项系统工程。在构建人类命运共同体的总体框架下，通过深化内涵、创新路径、加强产权保护、拓展合作等方面持续发力，不断提升品牌的国际影响力和社会声誉，使得鲁班工坊项目更好地服务中外人文交流，服务于人类社会的可持续发展。

一、深化品牌内涵，持续提升人才培养质量

深化品牌内涵，持续提升产品与服务质量是鲁班工坊品牌发展的核心任务和永恒主题。未来，鲁班工坊要以服务合作国经济社会发展为导向，以提升人才培养质量为根本，不断深化品牌内涵建设。

首先，优化人才培养方案，深入研究合作国需求，调整专业设置与课程内容，确保教学过程与生产过程对接，提高人才培养的针对性和适应性。其次，创新人才培养模式，以 EPIP 为核心，借鉴国际先进职教模式，推动学校教育与企业实践融合，采用项目教学、情景教学等方法，应用现代信息技术提升教学效果。再次，加强师资队伍建设，健全教师选派和培训机制，引进高层次国际化师资，实施名师领航计划，培养高水平骨干教师，完善教师到企业实践制度，建立双导师培养机制。最后，强化学生实践能力，重视实训基地建设，进行智能化改造，开展校企合作，共建高水平实训基地，引进先进设备，开发新工艺应用项目，规范实习管理，提高实习实训质量。

二、推进数字化融合发展，优化品牌传播渠道

推进数字化融合发展，优化品牌传播渠道是鲁班工坊品牌发展的必由之路。

当前，以人工智能为核心的新一轮科技革命和产业变革深入发展，智能化、网络化、数字化成为时代发展的鲜明特征。鲁班工坊要抢抓数字化发展机遇，积极响应"互联网＋职业教育"的发展趋势，加快数字化融合发展步伐，提升在线教育服务质量和教学内容丰富性，推动品牌传播渠道创新升级。

首先，构建覆盖全球的数字化教学平台，利用大数据和人工智能技术实现教学过程的精准分析和个性化推送，创新在线教学模式，满足学生多元化学习需求。其次，开发具有中国职业教育特色、体现先进技术特点的数字化教学资源，组织专业团队围绕核心课程和关键技能点，制作高质量、可共享的数字资源，增强资源的趣味性和互动性。再次，加强鲁班工坊品牌传播，利用新媒体平台创新传播方式，通过社交媒体如微信、微博、抖音、Facebook 等，发布品牌动态和展示办学成果，制作多样化的短视频和 H5 产品，提升品牌认知度和美誉度。最后，优化鲁班工坊中英文网站建设，提升国际传播力，推进网站国际化，增设多语种版本，提高信息权威性和时效性。

三、强化法律保护，积极维护品牌社会声誉

强化法律保护，积极维护品牌声誉是鲁班工坊品牌发展的重要保障。品牌是鲁班工坊的宝贵财富，也是学校办学质量和信誉的重要体现。鲁班工坊要进一步强化法律保护，致力于通过多层次、多维度的策略来强化品牌管理，确保其品牌形象的统一性和权威性，不断提高品牌的社会声誉。

首先，制定鲁班工坊商标管理制度，明确商标的各项标准，包括内容、形式和颜色等，以确保商标的规范使用。同时，加强商标注册、续展及授权等环节的管理，防止商标被不正当使用或篡改，从而保护商标的专用权。其次，加强鲁班工坊品牌宣传培训，提升品牌使用人（单位）的品牌维权意识。通过普及相关法律知识，如《中华人民共和国商标法》和《中华人民共和国反不正当竞争法》，以及通过案例教学和情景模拟，帮助使用人识别侵权行为并了解维权途径。再次，建立鲁班工坊品牌舆情监测机制，利用大数据和人工智能技术实时监控网络舆情，及时发现并处理负面信息。最后，运用法律手段打击侵权行为。通过搜集侵权证据，必要时采取司法措施，追究侵权者的法律责任。同时，与市场监管和知识产权部门合作，争取行政保护和执法支持，并在国际层面利用相关协定维护品牌海外声誉。

四、拓展多元合作，促进品牌国际化发展

拓展多元合作，促进品牌国际化发展是鲁班工坊品牌建设的必然要求。作为中国职业教育"走出去"的重要品牌，鲁班工坊要立足全球视野，加强国际交流合作，不断拓展品牌影响力和辐射面，要在巩固提升现有合作的基础上，努力拓展合作广度和深度，推动品牌国际化发展再上新台阶。

首先，加强与合作国政府、院校和企业的交流合作，建立常态化沟通机制，推动人才培养、师资互认和学分互通，同时开展职教政策和人才需求研究，促进中外职业教育互学互鉴。其次，通过积极参与国际教育组织活动，如联合国教科文组织和国际职业技术教育与培训大会，提升鲁班工坊国际影响力，传播中国职教理念，寻求国际组织的专项基金，支持职业教育发展。再次，探索多种合作办学模式，如"鲁班工坊+"模式、与跨国公司的合作，以扩大品牌辐射范围，通过"云鲁班"等在线平台提供全球职教培训。最后，加强与国际知名院校的标准对接，引进国际通用职业标准，参与国际职业资格框架建设，提升品牌的国际认可度和竞争力。通过上述努力，推进鲁班工坊品牌国际化和高质量发展。